KB234860

❶ **2010년 1월28일** 서울 프레스센터에서 '司法(사법)개혁 촉구 국민 대강연회'가 열렸다. 민동석 외교통상부 외교역량평가단장, 김동길 연세대 명예교수, 이상훈 前 국방장관, 조갑제 기자, 김성욱 기자 등이 연사로 나섰다.

❷ **2010년 1월12일** '2010 연세동문 새해 인사의 밤' 행사에서 서정갑 국민행동본부장이 '자랑스런 연세인상'을 수상했다. 서 본부장은 "애국운동 힘의 원천이었던 모교에서 이제 자랑스러운 동문으로 저를 인정해 주신 것에 감격할 따름"이라고 밝혔다.

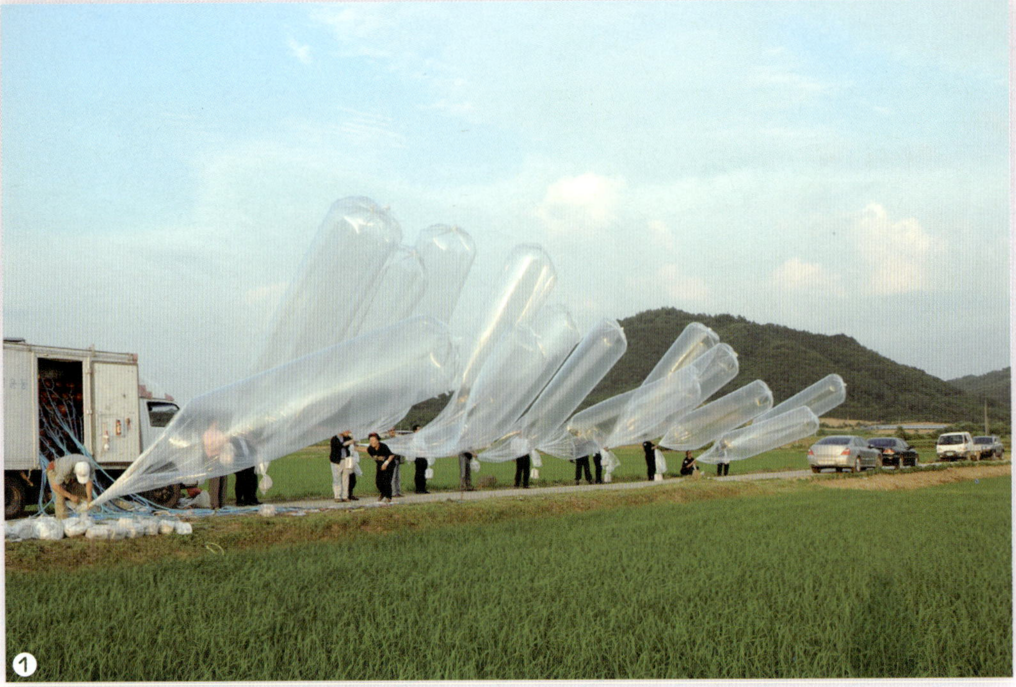

①

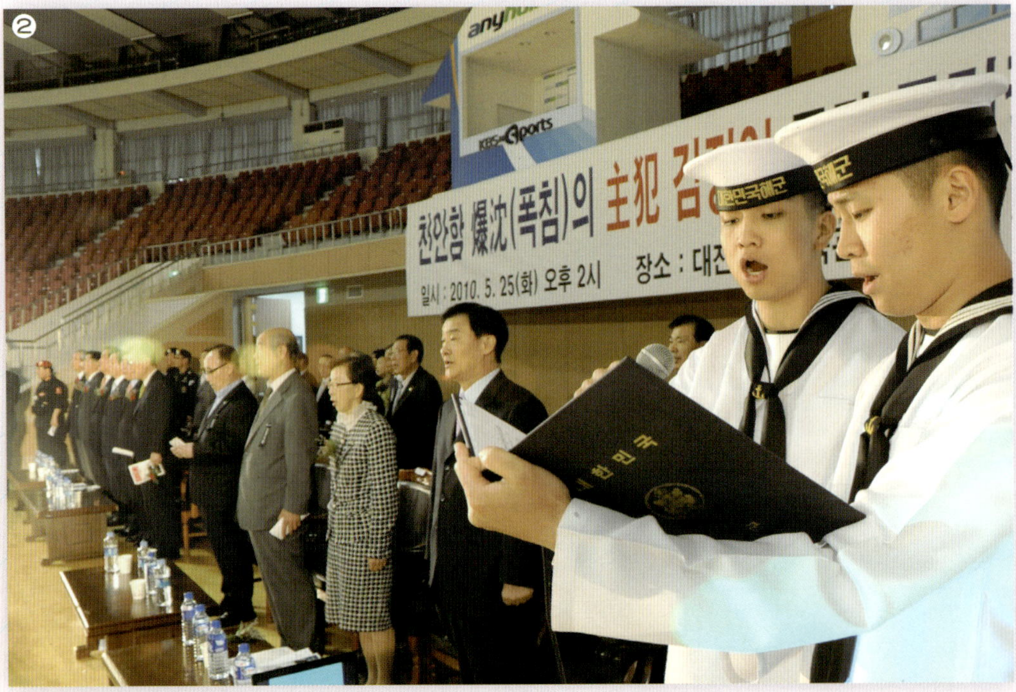

②

②

❶ **2010년 6월25일** 6·25전쟁 발발 60주년을 맞아
강원도 철원군 백마고지 인근 평야에서 사상 최대
규모(630만 장)의 對北(대북) 전단을 날려 보냈다.

❷ **2010년 5월25일** 대전 충무체육관에서 '천안함
폭침의 主犯(주범) 김정일 규탄 국민궐기대회'가
열렸다. 대전선거관리위원회는 이 날 연사로 나선
조갑제 기자가 지방선거나, 특정정당 또는
특정후보를 전혀 거명하지 않고 오로지 김정일 정권
및 그 추종세력의 전쟁범죄행위 및 利敵(이적)행위를
비판한 것을 '선거법 위반'이라고 주장, 경고했다.

❸ **2010년 8월18일** 8·18 판문점 도끼만행 34주년을
맞아 임진각 통일대교 부근에서 對北풍선을 날렸다.
이 날 행사에는 부산에서 온 중학생들도 함께했다.

❹ '진실의 공중어뢰' 對北풍선에는 6·25 남침 전쟁의
진실과 김정일의 호화로운 사생활 등을 폭로하는
내용의 전단과 DVD, MP3, 1달러, 초콜릿 등이 담겨
보내진다. 북한은 대북 민간단체들의 전단(삐라)
살포에 대해 "(한국 정부가) 중지 대책을 마련하지
않으면 우리 군대는 결정적인 조치를 곧 취할
것"이라며 민감한 반응을 보였다.

❶

'公敵1호' 민노당 해산
민노당 해산청원
2011. 8. 26(금)   국민행동본부 / 국

❷

❸

'一戰불사 · 從北박살' 국민행동본부 2011년 출정식
퇴역여군 對北풍선단 발족 !
일시 : 2011. 1. 14(금) 오후2시   장소 : 프레스센터20층 국제회의장

❶ 2011년 8월26일 과천 정부종합청사 정문 앞에서 국민행동본부와 국가정상화추진위원회가 '公敵1호 민노당 해산청원 기자회견'을 가졌다.

❷ 2010년 12월23일 국민행동본부와 퇴역여군회, 해병대구국결사대 등 우파 시민단체 회원 20여 명은 경기도 파주시 임진각에서 크리스마스를 맞아 복음 메시지를 담은 전단, 과자, 사탕 등을 넣은 풍선을 북으로 날려 보냈다.

❸ 2011년 1월14일 서울 프레스센터에서 '一戰불사 · 從北박살' 국민행동본부 2011년 출정식이 열렸다. '퇴역여군 對北풍선단 발족' 도 겸한 이 행사에는 800여 명의 시민들이 함께했다.

❹ 2011년 3월26일 천안함 폭침 1주기를 맞아 철원 인근에서 對北풍선을 보내려 하자, 철원군 대마리 주민을 가장한 괴한들이 나타나 포크레인과 트럭을 동원해 풍선을 탈취하는 사건이 발생했다. 서정갑 본부장이 국민행동본부 애국기동단 단원들이 철원주민으로부터 압수한 낫을 공개하고 있다.

❺ 2011년 4월14일 국민행동본부 자유풍선단과 애국기동단이 경기도 연천군 중면에서 대북 풍선을 날리던 중 인근 부대의 중위가 "누구의 허가를 받고 풍선을 날리느냐"고 행사 중단을 요구했다. 서정갑 본부장은 "대한민국 헌법의 명령으로 날린다"고 맞섰다.

❻ 2011년 8월26일 '公敵1호 민노당 해산청원 기자회견'에는 마지막 駐越(주월) 공사로 월남 공산화를 현장에서 체험하고, 월남 패망 후 공산 베트남 정권에 만 5년간 억류됐다 풀려난 이대용 장군도 함께했다.

행동으로 나라를 지킨다!

①

②

'노무현 딸 돈' 맞다면
노무현 비자금 수사
즉각 재개하라!
"13억 돈상자 노독
노무현 비자
2012. 01. 26(목)

③

❶ 2011년 12월6일 '從北집권 저지를 위한 국민행동 2012 순회강연회'에 참가한 청중이 국민행동본부 팸플릿 '행동으로 나라를 지킨다!'를 보고 있다.
❷ 2012년 1월26일 서정갑 본부장이 서울 중앙지검에 '노무현 비자금 수사 의뢰서'를 제출하고 있다.
❸ 2012년 1월26일 대검찰청 청사 앞에서 '노무현 비자금 수사 촉구 기자회견'이 국민행동본부, 한국시민단체협의회, 라이트코리아 주관으로 열렸다. 서정갑 국민행동본부장은 "노무현 前 대통령 딸 노정연이 경연희에게 전달한 13억 돈상자 사진이 공개됐다. 돈상자 사진이 존재하고, 13억 원 밀반출 관련자 두 명의 증언도 있다. 검찰이 수사에 나서야 한다"고 촉구했다.

2012년 2월16일 국민행동본부 회원들이 동아일보를 찾아 '13억 돈상자 사건' 보도를 촉구했다.

"문제는 安保야, 이 바보들아!"

국민행동본부 愛國투쟁의 발자취
(2010.1.11 ~ 2012.3.14)

조갑제닷컴
CHOGABJE.COM & NATIZEN.COM

우리의 투쟁은
계속됩니다!

李明博(이명박) 정부가 출범한 2008년 이후 국민행동본부는 좌파정권 10년간보다 마음고생을 더 많이 하였습니다. 국민들은 2007년 12월, 李대통령을 530만 표라는 압도적 격차로 당선시켰습니다. 2008년 총선에선 한나라당과 자유선진당에 의석의 약 3분의 2를 주었습니다. 당시 서울과 지방의 단체장들은 거의가 한나라당 소속이었습니다. 그야말로 3權(권)을 쥔 막강한 정부였습니다.

국민들이 왜 그런 힘을 주었을까요? 대한민국의 敵(적)인 從北(종북)세력을 헌법의 칼로써 척결, 자유통일로 가는 길을 열라는 명령이었습니다. 동시에 지도층의 부패를 청산, 一流(일류)국가의 토대를 놓으라는 역사의 召命(소명)이었습니다. 李대통령은 그러나 이런 사명의식을 간단히 던져 버렸습니다. 취임사에서부터 "이념의 시대는 끝났다"고 선언하고 중도기회주의 노선을 선택한 것입니다. 이념전쟁을 해야 체제를 지킬 수 있는 한반도에서 이념을 포기하겠다는 건 공산주의자들에게 보낸 일종의 추파였습니다.

국민들의 심판을 받고 숨을 죽이고 있던 從北좌파 세력과 북한정권은 이념전투를 포기한 李明博 정권을 우습게 보고 총반격으로 나왔습니다. MBC의 선동으로 시작된 광우병 난동, 용산방화 사건, 자살한 노무현의 국민장, 전직 대통령 김대중에 대한 國葬(국장), 좌경판사들의 집단행동, 천안함 폭침, 연평도 도발, 불온문서 같은 국가 검정 현대사 교과서 채택, 북한노동당의 동생 격인 민노당의 반역행위 방치, 법질서 파괴의 일상화, 安保(안보) 불감증, 낭비적 복지 선동 등 대한민국을 뒤흔든 從北난동 속에서 국민행동본부는 진실과 헌법을 무기로 다시 싸움터에 나서야만 하였습니다.

이 책은 從北부패 세력과 결투한 국민행동본부의 이력서입니다. 이 책에 담긴 2010년 이후의 투쟁사는 현대사의 한 斷面(단면)이기도 합니다. 천안함 폭침 사건이 났을 때 국민행동본부는 가장 먼저 이 사건의 성격을 '북한군 잠수함에 의한 폭침'으로 단정하고 전쟁범죄 집단을 고발하는 全國(전국) 순회강연을 이어갔습니다. '천안함 爆沈(폭침)'이란 말은 國本(국본)의 作名(작명)이라고 해도 과언이 아닙니다. 우리는 "천안함의 冤魂(원혼)들은 김정일의 목을 원한다(2010.4.20)"고 외치면서 〈天安(천안)시민들과 함께하는 天安艦(천안함) 폭침 규탄대회(2010.7.6)〉를 갖기도 하였습니다. 저희들은 "미친 개에겐 몽둥이가 藥(약)이다(2010.8.16)"면서 對北(대북)응징을 주장하였으나 정부는 듣지 않다가 연평도 포격을 당하고 말았습니다.

2011년 국민행동본부는 북한정권을 직접 응징하기 위한 '진실의 공중어뢰' 자유풍선 보내기 운동을 새로 시작하는 한편 교과부가 검정해 준 고등학교 한국사 교과서의 현대사 왜곡을 규탄하고, 민노당(통합진보당의 前身)을 공동체의 敵으로 규정, 해산청원 운동을 벌였습니다. 國本은 북한정권의 對南적화공작을 추종하는 민노당 해산 청원서를 노무현 정부 때와 작년 두 차례 법무부에 접수시켰으나 소용이 없었습니다. 헌법은 정부만이 국무회의 의결을 거쳐 위헌정당 해산을 헌법재판소에 제소할 수 있다고 규정합니다. 李明博 정부가 헌법의 이 명령을 이행하지 않음으로써 한국의 정치판을 北의 對南공작 무대로 내어준 것은 역사적 범죄입니다.

국민행동본부는 노무현의 딸로부터 나왔다는 13억 돈상자 의혹을 제기하고 수사의뢰서를 검찰에 제출하는가 하면 이를 보도하지 않는 언론을 질책, 드디어 검찰이 수사에 착수하고 언론이 집중 보도하도록 만드는 데는 성공하였습니다. 親盧(친노)-從北세력의 득세는 유권자들이 저들의 선동에 속아 넘어간 결과입니다. 국민행동본부는 남북한 대리전으로 치러지는 2012년 선거에 즈음하여 진실과 헌법을 무기로 삼아 從北세력의 반역과 부패상을 폭로하는 데 全力(전력)을 다할 생각입니다.

국민들의 순수한 성금으로 운영되는 국민행동본부는 '깨끗한 만큼만 용감해질 수 있다'는 신념으로 부끄럼과 거리낌 없이 싸워왔다고 자부합니다. 김정일을 우리 손으로 단죄하지 못하고 제 命(명)대로 살다가 죽도록 한 것은 한민족의 수치입니다. 이 천추의 恨(한)을 씻기 위해서는 從北세력을 반드시 우리 손으로 척결하고 북한의 민족반역자들을 斷罪(단죄), 正義(정의)를 세워야 할 것입니다. 자유통일로 북한동포들을 해방하는 그날까지 우리의 투쟁은 끝나지 않을 것입니다. 배전의 성원을 부탁드립니다. 감사합니다.

2012년 3월26일

국민행동본부장 徐貞甲

[수요 초대석]
국민행동본부 **서정갑** 본부장

"내가 수구 꼴통 괴물이라고?
하하…
나는 그저 대한민국 편"

인터뷰 | **허민** 사회부장 minski@munhwa.com

"2월 중순에 일본 도쿄(東京)에서 김정일의 악정을 비판하는 집회를 했어요. 그리고 한국에 돌아와보니 가족이 법원의 판결문을 받아놓았어요. 벌금 500만 원 내라고…. 판사가 법과 양심에 의거해 판결하겠거니 믿어왔는데, 이건 좀 아니지 않나 그런 생각이 듭니다."

짧지만 강한 불만의 목소리였다. 벌금 500만 원은 2009년 6월 '노무현 전 대통령 시민분향소 기습 철거'와 관련해 검찰이 기소한 것을 법원에서 결정한 내용이다. 서정갑(71) 국민행동본부 본부장과의 대화는 이렇게 시작됐다. 지난 21일 오후 서울 강남구 역삼동의 본부 사무실에서 만난 서 본부장은 머릿속에서 연상했던 강성 이미지와는 달리 마음 좋고 순해 보이

서정갑 국민행동본부 본부장이 지난 3월21일 서울 강남구 역삼동 사무실에서 인터뷰 도중 자신의 이념관을 설명하면서 "진보와 종북은 구분해야 한다"고 강조하고 있다. 김연수 기자 nyskim@munhwa.com

기까지 한 이웃집 할아버지를 닮았다. 그는 지난 16일 재향군인회로부터 장성 예편자가 아닌 인물로는 처음으로 '향군대휘장'을 받았다.

"많은 분들이 저를 괴물로 생각하고 있죠. 하하하. 사실 저는 굉장히 부드러운 사람입니다." 그러나 한국의 '좌파'가 벌이는 행태에 대해서는 폭풍 같은 분노로 맞섰다. 서 본부장은 '진보'라는 말을 쓰지 않았다. 인터뷰 말미에 알게 됐지만 그는 '합리적인 진보'와 '從北(종북) 좌파'를 철저히 구별하고 있었다. "잘 아시겠지만 서울 덕수궁 앞 '노무현 시민분향소'는 말이 시민분향소지 도로상의 불법 건축물입니다. '살인마 리명박 타도'라는 플래카드가 걸려 있고. 경찰이 한번 철거하려다 저항에 부딪혀 못 한 겁니

서정갑 본부장이 2004년 10월 개최된 '국가보안법 사수 국민대회' 관련 기사 스크랩을 펼쳐보이면서 당시 집회 상황을 설명하고 있다. 김연수 기자 nyskim@munhwa.com

다. 해당 구청에서 몇 번 공문 보내고 철거하려다 못 했고요. 시민이 한 번 할 필요가 있다…지나가는 강도를 경찰이 못 잡으면 시민이 잡을 수 있는 거 아닌가요. 그런데 벌써 두 번째입니다."

그랬다. 서 본부장은 검찰에 의해 두 번 기소됐다. 첫 번째는 2004년 10월 시청광장에서 있었던 '국가보안법 사수 국민대회' 때 예상되는 폭력행사를 방조했다는 등 혐의로 2007년에 기소됐다. 재판에 넘겨진 뒤 서 본부장은 지난 1월 2심에서 징역 1년6월에 집행유예 2년을 선고받았다. 두 번째 기소는 2009년 6월의 '시민분향소 기습 철거'와 관련해서다. 검찰은 100만 원에 약식기소했지만 최근 법원에서 벌금 500만 원 형을 받았다.

— 그때 이야기를 좀더 해주시죠. 기소됐던 사건들이….

"2009년 6월24일 여명을 기해 정확하게 05시40분입니다. 국민행동본부 기동단 요원들이 4분 만에 경찰이 못 한 것을, 그야말로 특공작전을 한 거죠. 보안 문제가 있어서 일반 언론에는 못 알리고 참깨방송에만 알렸는

데, 보도되자마자 인터넷이 몇 번이나 다운됐어요. 불과 3일 만에 100만 건을 돌파했다는 거 아닙니까. 누가 참깨방송이 있는 줄이나 알았겠습니까.”

서 본부장의 기억은 2004년 10월로 거슬러 올라갔다. “경찰 추산 10만 명, 저희 추산으로 30만 명이 모인 정말 큰 집회였습니다. 평화적으로 잘 끝났어요. 폭력은 우리가 한 게 아니고 경찰이 한 거예요. 그런데 당시엔 기소를 안 하고 3년 만인 지난 2007년 7월에 대선 5개월을 앞두고 기소했어요. 당시 노무현 대통령 하명사건으로 기소한 겁니다.”

서 본부장은 정권에 의한 표적수사라는 주장을 굽히지 않았다. “국보법 사수 국민대회를 하기에 앞서 그해 7월 한 일간지에 광고를 실었습니다. ‘군은 그 어떤 위헌적 명령과 영향력도 거부해야 한다’는 내용이었죠. 설령 대통령의 명령이라 할지라도 말이죠. 헌법 5조에 나와 있어요. 군은 국가 안전보장에 대한 책임이 있어요. 청와대와 당시 열린우리당이 난리가 났죠. 며칠 뒤에 내란선동죄로 대공분실이며 검찰과 경찰에 불려가서 조사 받은 게 20차례는 됩니다. 결국 그걸로 범죄 구성 요건이 안 되니까 그해

10월에 열린 국보법 사수 국민대회를 갖고 나중에 건 것 아닌가 생각됩니다. 이게 표적수사 아닙니까."

— 수사 당국은 당시 집회를 폭력집회로 봤습니다.

"국민행동본부가 10년간 200회 가까운 집회와 기자회견을 했지만 단 한 번도 폭력을 행사한 적이 없습니다. 좌파와 싸운다고 해서 폭력을 정당화하는 단체가 아닙니다. 그동안 집회 건으로는 한 번도 경찰에 불려간 적이 없었어요. 그런데 국민대회가 3년이 지난 뒤에 표적수사가 돼서…."

서 본부장은 분함을 참지 않았다. 그의 표적수사 의혹은 그저 의혹에 그칠 수도 있다. 분명한 것은 그 수사로 서 본부장의 활동에 적지 않은 제약을 받게 됐다는 것이다. 그는 "1월에 법원에서 유죄선고를 받고 이번에 또 벌금 500만 원이 나오니까 제 가족들조차도 저의 활동에 '퀘스천(의문)'을 달았다"고 밝혔다. 그는 이 대목에서 잠시 말을 끊었다가 다시 이어갔다.

"정말…몇몇 분들한테는 자살하고 싶다고 했어요. 이런 국가에서 내가… 살 만큼 살았으니까 자살하고 싶다고. 다만 내가 자살하면 기소당하고 재판받으니까 누구처럼 자살했다, 죄 많이 지었으니까 자살했다 그런 누명 쓸까봐 그러지도 못하고."

이런 서 본부장은 지난해 1월 연세대 총동문회에서 주는 '자랑스러운 연세인상'을 받고 최근 재향군인회의 '향군대휘장'까지 받았다. "이제 화병이 좀 풀렸습니다. 누군가가 희생을 치러야만 국민이나 위정자들이 정신을 차릴 거 아닌가, 그런 의미에서 (자살) 생각까지 해본 것이지 단순히 괴롭다 해서 이런 마음 먹은 거 아닙니다." 서 본부장은 "또 다시 그런 상황이 온다고 해도 똑같은 행동을 할 것"이라면서 "결국은 누군가는 해야 할 일 아니냐"고 말했다.

서 본부장은 1940년 북만주, 지금의 중국 헤이룽장(黑龍江)성 무단장(牧丹江)에서 태어났다. 원적은 경남 동래군 구포읍. 지금 부산의 구포다리가 있는 곳이란다. 어머니는 함경도 태생. 연세대 학생군사교육단(ROTC) 출신으로 베트남전에 참전했다. 서 본부장은 육군대학 행정처장과 육군본부 총무과장 등을 거쳐 1992년 12월 대령으로 예편했다. 이어 1993년부터 5년간 육군 군사문제연구위원을 지낸 뒤 1995년 4월17일 육해공군, 해병대 대령 163명을 모아 '육해공군해병대(예)대령연합회'를 만들었다.

그가 처음 한 사업은 국립묘지 무명용사들의 기록을 찾아준 일이었다. "사실 무명용사가 아니죠. 나라를 위해 전사했는데 제대로 업적이 밝혀지지 않았던 분들의 기록을 찾아 1,608명의 명예를 회복시켜줬어요."

서 본부장이 본격적으로 대중에게 이름을 알리게 된 것은 2001년 들어서다. "한 해 전인 2000년 6월에 남북 정상회담이 있은 후 김정일 답방 얘기가 돌던 때였습니다. 제가 '국민의정부는 더 이상 국민을 우롱하지 말고 정체성을 밝히라'는 성명서를 냈어요. 그게 2001년 1월의 일입니다."

그 사건을 계기로 국민행동본부가 결성됐다. 등재 회원은 1만2,000명가량. 회비와 기관·단체 등의 후원금으로만 운영하려다 보니 유급 직원을 쓸 형편이 안 되고 사무실도 얻어 쓰는 처지다. 지금은 50㎡(약 15평) 남짓한 공간에 국민운동본부, 애국단체총협의회, 밝고힘찬나라운동 이렇게 3개 단체가 비좁게 들어서 있다. 다른 단체 직원의 도움을 받아 회원 명부도 정리하고 자료도 낸다.

—어떤 일을 더 하실 생각입니까.

"앞으로 전국 순회강연회를 열려고 합니다. 해외로도 나가서 국민행동본부의 활동을 알리고 교포들이 '대한민국 편'에 서도록 설득하는 작업을 하려고 합니다. 노무현 정권에서 이명박 정권으로 넘어올 때는 쉽게 왔지만 2012년 대선에서 다시 좌파 정권이 집권할 가능성이 있습니다. 보수진영이 굉장히 고전할 것으로 봅니다. 스스로 무덤을 파났으니까요."

서 본부장은 인터뷰 내내 한국 사회 일부의 좌편향과 대한민국의 미래를 걱정했다. "이명박 정권이 잘해야 합니다. 이 시점에서 중도실용이란 건 운동권 출신이나 좌익활동 한 사람들이 그걸 퇴색시키기 위해 쓰는 거 아닙니까. 대한민국 정통성이나 정체성을 확립해야 하는데 어중간하게 중도실용이니 뭐니 하니까 좌파들이 들끓는 겁니다. 대통령 밑에서 중도실용을 부르짖고 잘못 모시는 이런 분들은 조금 문제가 있지 않나 이렇게 생각합니다."

— 현 정부에 건의나 충고 한 말씀 해주시죠.

"이 대통령이 성공적인 대통령으로 끝나길 바랍니다. 대한민국이 잘되려면 대통령이 실패하면 안 되죠. 외교나 대북정책은 그런대로 괜찮다고 보지만 중요한 것은 내치에서 국민에게 희망을 주지 못한다는 점입니다. 제일 중요한 건 대통령이 사람을 제대로 써야 한다는 겁니다. 내치를 좀 잘하기 위해서요."

서 본부장은 이어 '청와대 권력'과 '여의도 권력'이 따로 노는 여권의 현실을 우려했다. "한나라당 의원들도 대오각성할 필요가 있어요. 지난 3년 동안 많이 배웠을 테니 이제 표만 의식하지 말고 국회의원이든 장관이든 하루를 하더라도 소신을 갖고 대한민국의 편, 국민의 편에 서서 해야 할 겁니다."

[사람들]

"애국운동 외길,
긍지 잃은 적 없어"

강동철 기자 charley@chosun.com

영관 출신으로 첫 '향군대휘장' 서정갑 씨

"앞만 보고 달려왔더니 이런 상도 받습니다. 제 삶이 보람된 것이었음을 인정해 주시는 의미로 받아들이겠습니다."

15일 재향군인회관에서 박세환 재향군인회장으로부터 '향군대휘장'을 받은 서정갑(71 · 사진) 국민행동본부 본부장이 투박한 목소리로 이렇게 말했다. 향군대휘장(鄕軍大徽章)은 재향군인회에서 수여하는 표창 가운데 최고 등급이다. 장성 출신이 아닌 예비역이 이 훈장을 받은 것은 처음이다. 그는 예비역 대령이다.

박세환 회장은 "서 본부장은 2004년 국가보안법 사수 궐기대회를 개최하는 등 국가 안보를 유지하고 공산화를 막는 데 큰 기여를 했다"고 수상 이유를 밝혔다.

1940년 만주에서 태어난 서정갑 본부장은 연세대 행정학과 60학번으로 입학해 1964년 ROTC 육군 소위로 임관했다. 이후 월남전 참전, 육군본부 총무과장 등의 경력을 거쳐 임관 28년 만인 1992년 육군 중앙문서관리단장을 끝으로 대령 예편했다.

그의 실질적 인생은 예편 이후 시작된다. 서 본부장은 1995년 육 · 해 · 공 · 해병대 대령연합회를 설립하면서 시민단체 활동을 시작했다. 2000년 6 · 15 남북공동선언 당시엔 '국민의 정부는 국민을 우롱하지 말라'는 선언문을 발표하면서 보수 인사로 이름을 알렸다. 2001년 국민행동본부를 설립하고 국가보안법 사수 궐기대회를 비롯해 총 200여 차례나 집회를 개최했다. 또 600회 넘게 격문(檄文)에 가까운 글들을 신문 광고로 게재하는 등 활발하게 활동해왔다. 2008년 제1회 우남애국상, 2010년엔 '자랑스런 연세인상'을 받았다.

고초도 컸다. 2004년 국가보안법 사수 궐기대회 때 경찰에게 폭력을 행사하고 경찰차를 파손한 혐의로 2007년 기소돼 아직도 재판받고 있다. 지난 1월 항소심에서 징역 1년 6월에 집행유예 2년을 선고받아 대법원 상고심이 진행되고 있다.

그는 "다른 길 생각하지 않고 애국운동에 투신해온 것을 자랑스럽게 생각한다"고 했다. 이어 "정계를 기웃거리거나 다른 자리를 탐내는 사람은 오래할 수 없는 일"이라고 덧붙였다.

[단독]

김일성 생일 하루 전
對北전단·1달러 지폐 2000장
띄워보냈다

김성민 기자 dori2381@chosun.com

"부자 세습 실패한다"는 내용… 1달러는 北주민 한 달 생활비

"북한 주민들을 속여 온 김일성의 생일(15일)을 앞두고 진실을 담은 전단을 날립니다."

14일 오후 1시 국민행동본부 소속 자유풍선단과 애국기동단 회원 27명이 경기도 연천군 중면에서 대북전단과 1달러 지폐 2000장을 매단 풍선 50개를 북쪽 하늘로 날렸다. 자유풍선단 권유미 팀장은 "남서풍이 불고 있으니 3시간이면 금강산 쪽까지 갈 것"이라고 말했다.

전단은 무바라크 전(前) 이집트 대통령, 카다피 리비아 원수, 김정일의 얼굴이 그려져 있고 '부자(父子) 세습은 반드시 실패한다. 인민들이여! 60년 세습독재 타도에 모두 나서자'라는 글이 쓰여 있다. 2000달러는 민간단체가 풍선에 실어 북한에 보낸 최고액이라고 국민행동본부 관계자가 밝혔다. 풍선은 5m 길이로 하우스용 비닐로 만들어 수소 가스를 채웠고, 1~3시간 뒤 자동으로 터지도록 타이머를 달았다.

정진일 국민행동본부 사무처장은 "1달러는 북한 주민의 한 달 생활비"

14일 오후 주민들과의 충돌을 우려해 두 차례나 장소를 바꿔가며 이동한 국민행동본부 자유풍선단과 애국기동단 27명이 경기도 연천군 중면에서 대북 전단을 매단 풍선을 날리고 있다.

라며 "죽은 김일성의 생일을 기리는 북한의 주민들이 우리가 보낸 전단을 보고 진실을 알기 바란다"고 말했다.

이날 대북전단 날리기는 현지 주민들과의 충돌을 피하기 위해 2차례나 장소를 변경했다. 당초 연천군으로 정했다가 지난 13일 밤 강원도 평화의 댐으로 바꿨다가 이날 오전 다시 연천군으로 최종 결정됐다.

자유풍선단의 한 회원은 "대북 전단을 날리는 지점을 집중 포격하겠다는 북한의 위협이 있고 나서, 군과 주민들의 반발이 거세다"며 "주민들과의 마찰을 피하기 위해 조심스럽게 움직인다"고 말했다.

이날도 전단 날리기가 시작되고 30분쯤 지나자 인근 부대에 근무하는 중위 한 사람이 나타나 "누구의 허가를 받고 풍선을 날리느냐"며 행사 중단을 요구했다. 이어 현지 경찰과 면사무소 직원 등 10여 명이 몰려왔다. 국민행동본부 측은 "자유와 평화를 보장하는 대한민국 헌법의 명령으로 풍선을 날린다"고 맞섰다.

국민행동본부 관계자는 "북한이 조준사격 운운한 뒤에 대북 풍선 날리는 것을 막는 사람들이 늘었다"며 "북한 주민 한 사람이라도 진실을 알게 하기 위해 앞으로도 한 달에 두세 번은 대북 전단을 날릴 계획"이라고 말했다.

2010

CONTENTS

2011

CONTENTS

CONTENTS

2012

2010

국민행동본부의 다음 목표는
'2012년까지 북한정권 무너뜨리기!'

1. 김정일은 화폐개혁으로 자살을 선택하였다! 북한사람들이 피와 땀으로 모은 재산을 강탈한 김정일을 돕는 것은 민족배신행위이다.

2. 진실-正義(정의)-자유의 힘으로 총 한 방 안 쏘고 북한노동당정권을 무너뜨릴 수 있는 기회가 왔다. 이러한 때, 李 대통령이 개혁개방의 敵, 통일의 장애물, 민족의 원수인 김정일을 찾아가 만나고 對北퍼주기를 재개하면 북한동포의 고통은 연장되고, 從北(종북)세력이 다시 일어나며, 韓美동맹은 약화될 것이다. 惡黨(악당)과 거래하려다가 제 命(명)대로, 제대로 산 사람이 드물다.

3. 돈과 인권과 정보의 힘으로 북한 내부를 변화시키면 북한동포들 손으로 북한정권을 허물 수 있다. 50억 원 이상의 재산을 가진 한국 富者 20만 명이 1인당 500만 원씩만 쓰면 20만 명의 탈북자를 데리고 올 수 있다.

4. 전교조 세대가 386세대와 어깨동무하기 전에, 韓美연합사가 해체되기 전에 애국시민들이 다시 한번 일어나 최후의 싸움을 벌이자! 6·25남침 60년 전쟁을 끝장내고 北核(북핵)과 從北쓰레기를 한꺼번에 청소하자!

5. 韓日합병 100주년은 克日(극일)로써, 6·25남침 60주년은 勝共(승공)으로, 4·19의거 50주년은 建國(건국)대통령 復權(복권)으로, 광주사태 30주년은 화해로써 긍정의 역사를 새로 쓰자!

※ '국민행동본부의 愛國투쟁記: 法을 지키는 사람이 正義로운 사람이다'(242쪽,

1만 원)를 發刊(발간)했습니다. '국민행동본부의 출판기념 및 후원행사'가 오는
1월13일(水) 오후 3시 세종문화회관 세종홀에서 열립니다. 특별강연:
金東吉(연세대학교 명예교수) 朴世煥(재향군인회장) 金鎭洪(뉴라이트 상임고문)
趙甲濟(조갑제닷컴 대표)

2010.01.26

'司法반란 비호'
이용훈 대법원장에게 공개 질문한다!

　1. '이용훈의 사법부'가 이상한 판결로써 만들려는 대한민국은 빨갱이
와 竹槍(죽창)부대와 선동방송이 깽판의 자유를 누리는 無法(무법)천지가
아닌가? 역사의 쓰레기통으로 들어간 낡은 이념에 중독되어 理性(이성)의
눈이 멀어버린, 天地(천지) 분간도 할 줄 모르는 좌경(자칭 진보) 판사들에
게 국민의 생명과 재산에 대한 결정을 맡기는 것은 수술 칼과 식칼을 구분
하지 못하는 돌팔이 의사에게 환자를 맡기는 것과 무엇이 다른가?

　2. 귀하가 이끄는 사법부는 親北-깽판세력의 최후 보루인가? 김정일
추종 利敵단체(실천연대) · 주한미군 철수 주장 민노당 · 反대한민국 교육
의 본산 전교조 · 선동방송 MBC · 경찰을 패는 폭력전문 시위꾼 등 '反대
한민국 세력'엔 우호적이고, 맨주먹으로 싸우는 '대한민국 수호세력'엔 敵
對的(적대적)인 판결을 계속 내리는 이유는 무엇인가? 조국에 대한 원한
이 그토록 사무친 이유가 무엇인가? 귀하는 대한민국 편인가, 김정일 편

인가, 아니면 中立(중립)인가?

3. 일부 좌경 판사들이 운동권 같은 집단행동으로 공포분위기를 조성하고, 법을 凶器化(흉기화)하여 대한민국의 골격을 해체하고, 공동체의 신경과 뇌수를 도려내고 있는데도 이 사태를 방조하는 귀하는 어느 나라 대법원장인가? 文法(문법)에도 맞지 않는 판결문을 쓰고 코미디 수준의 궤변을 늘어놓는 수준 이하의 판사들! 법원엔 再교육 과정도 없단 말인가?

4. 귀하는 통상적으로 공산주의나 사회주의를 의미하는 '진보'를 겁도 없이 표방하는 판사들의 私조직 '우리법연구회'를 왜 싸고도는가? 그들의 연구 대상인 '우리법'의 正體(정체)는 무엇인가? '우리법'은 '우리가 멋대로 하는 법'인가? 귀하와 '우리법연구회'는 이념적 동지관계인가? 귀하가 강조해 온 '국민여론에 의한 재판'과 북한의 '인민재판'은 어떻게 다른가? 헌법정신과 배치되는 좌경이념의 소유자가 과연 反共자유민주주의를 國是(국시)로 하는 대한민국의 판사가 될 수 있는가?

5. 좌파정권 시절 일개 위원회가 대법원의 확정판결을 뒤집고 공산주의자들을 민주화운동가로 둔갑시켜 거액의 국가예산으로 국가반역자를 포상함으로써 사법부의 권위와 독립을 짓밟을 때 귀하는 왜 '사법부의 독립'을 외치지 않았던가? 그런 귀하가 지금 말하는 '사법부의 독립'은 엉터리 재판의 자유, 즉 자유를 파괴하는 자유를 좌경 판사들에게 보장하자는 것이 아닌가?

6. 憂國衷情(우국충정)에 불타는 많은 국민들이 분노에 치를 떨면서 귀하를 대한민국 法治 확립의 가장 큰 장애물로 간주한다. 선출되지 않는 권력인 판사들은 반드시 국회 및 국민의 감시와 견제를 받아야 한다. 좌파세력의 비호자 역할을 포기하고, 오만한 특권의식을 버리고, 탄핵당하기 전에 물러날 용의는 없는가?

7. 국회는 反헌법적, 反국가적인 성향의 인물이 법관 등 公職(공직)을

맡지 못하도록 하고 이미 임명된 사람은 물러나게 하는 立法(입법)을 추진 하라! 집단행동과 이념판결로써 司法(사법)반란을 주동하는 판사들을 탄 핵하라!

※ '司法개혁 촉구 국민 대강연회'가 오는 목요일(1월28일) 오후 2시 프레스센터 20층에서 열립니다. 연사는 MBC-PD수첩팀 고소인 閔東石(외교통상부 외교역량평가단장), 金東吉(연세대 명예교수), 李相薰(애국단체총협의회 상임의장), 趙甲濟(조갑제닷컴 대표), 金成昱('대한민국赤化보고서'의 저자)씨 등

2010.02.25

'3 · 1독립운동 정신'으로 김정일을 몰아내자!

　1. 북한에선 아직도 日帝(일제)보다 더한 암흑의 시대가 계속되고 있습 니다. 日帝시대보다 더 굶주리고, 日帝보다 더한 독재입니다. 남북한의 7000만 민족이 3 · 1 독립운동 정신으로 다시 일어나, 1910년 韓日(한일) 합병 이후 100년째 계속되는 김정일 독재의 사슬을 끊어버립시다!

　2. 작년의 이른바 화폐개혁으로 김정일은 자살의 길을 선택하였습니 다. 피땀 흘려 벌어놓은 돈을 김정일에게 강탈당한 북한주민들은 지금 이 를 갈면서 복수를 다짐하고 있습니다. 7000만 韓民族(한민족) 가운데 김 정일을 '위원장'이라고 불러주는 세력은 남한의 '從北(종북)쓰레기들'뿐입 니다.

3. 60년 전 김일성은 外勢(외세)를 끌어들여 同族(동족)을 치는 민족반역의 南侵(남침)전쟁으로 300만 명을 죽음으로 몰고 갔습니다. 그 아들 김정일 일당은 곰발바닥 요리를 즐기면서 북한 주민 300만 명을 굶겨 죽였습니다. 유대인 학살공장 아우슈비츠보다 더 참혹한 강제수용소에서는 또 100만 명이 죽어갔습니다. 이 父子(부자)가 죽인 700만 명의 屍身(시신)을 한 줄로 깔면 서울에서 마드리드까지 거리인 1만4000km입니다.

4. 한국의 경제력은 북한의 200배입니다. 누가 통일을 두려워합니까? 통일비용보다 分斷(분단)비용이 훨씬 많이 듭니다. 지금 부족한 것은 돈이 아니라 同胞愛(동포애)입니다.

5. 우리는 인간의 도리로서, 또 잘 사는 사람의 의무로서 노예상태의 북한동포를 우리와 같은 자유인으로 만들어야 합니다. 인간에게는 자유만 주면 행복은 저절로 따라옵니다. 3·1독립선언서는 〈우리가 본디 타고난 自由權(자유권)을 지켜 풍성한 삶의 즐거움을 마음껏 누릴 것이며, 우리가 넉넉히 지닌바 독창적 능력을 발휘하여 봄기운이 가득한 온 누리에 겨레의 뛰어남을 꽃 피우리라〉고 했습니다. 제2의 三一(삼일)운동으로 7000만 민족의 행복을 방해하는 단 한 사람, 김정일을 타도합시다!

※3·1운동 91주년 기념 국민대회(救國기도회 및 강연회)가 오는 3월1일(월) 오후 2시 서울 강남교회(강남구 대치동 삼성역 4번 출구. 02-556-1411)에서 열립니다. 김동길(연세대 명예교수), 김성광(강남교회 목사), 조갑제(조갑제닷컴 대표), 양영태(자유언론인협회장), 이민복(對北풍선단장), 김성욱('대한민국赤化보고서' 著者), 신혜식(독립신문 대표, 사회)씨의 강연이 있습니다

司法府 개혁의 대상이자 걸림돌인
이용훈 대법원장은 물러나라!

좌파권력의 사법부 능멸엔 침묵하고, 좌익과 깽판세력을 편드는 판사들을 방치, 사법부를 이념집단, 정치집단처럼 보이게 한 대법원장이 한나라당의 사법부 개혁안엔 왜 그렇게 신경질인가?

1. 한나라당의 법원제도 개선안을 비판한 대법원의 성명서 발표는 이용훈 대법원장의 재가를 받은 것이라고 법원행정처 관계자는 밝혔다. 성명서는 〈사법부에 대한 최소한의 예의와 존중심마저 잃은 처사〉〈일류 국가를 지향하는 우리나라의 품격에도 어울리지 않는다〉고 했다.

2. 與黨(여당)이 사법부 개혁안을 발표하고 대법원이 이에 반박한 것은 民主(민주)국가에서만 있을 수 있는 현상이다. 법리와 상식을 벗어난 판결, 경찰을 때린 좌파깽판꾼들에게 유달리 온정적인 판결, 특히 MBC와 민노당과 친북좌익 인사들에게 유리한 판결, 헌법을 수호하려는 애국인사들에게는 불리한 판결을 일관되게 쏟아내면서, 법원 내의 私조직인 '우리법연구회'와 일부 판사들의 운동권 같은 집단행동을 제어하지 않는 이용훈 대법원장의 사법부를 입법부가 견제하는 것은 三權(삼권)분립에 합당한 행위이다.

3. 이용훈 대법원장은 좌익정권과 깽판세력 앞에선 비굴하고, 순해 빠진 한나라당 정권에 대하여는 용감한 사람이란 인상을 준다. 단호하게 나왔어야 할 때는 침묵하였다가 이성적으로 토의하면 될 일에 대하여는 감

정을 실어서 발언한다.

김대중, 노무현 정권이 만든 초법적 위원회는 일개 행정기관인데, 대법원이 反국가단체, 즉 逆賊(역적)이라고 판단한 범죄자들에 대하여 민주화운동가, 즉 忠臣(충신)으로 규정, 국가예산으로 보상까지 했다. 동사무소가 대법원의 판결을 거꾸로 뒤집은 격이다. 공산혁명이 성공한 나라에서나 볼 수 있는 기존판결 부정 행위였다. 그런데 노무현 대통령이 임명한 이용훈 대법원장은 이런 사법부 능멸행위에 한마디도 하지 않았다.

4. 문제판사들의 편파적 판결을 방치, 법원을 이념집단·정치집단처럼 보이도록 만든 이용훈씨는, 자유민주주의를 국가이념으로 삼은 대한민국의 대법원장이 되어선 안 될 사람이었다. 그가 바로 개혁대상이다. 좌파정권의 사법부 능욕에 침묵으로 동조한 사람이 대법원장 자리에 앉아 있는데 사법부가 개혁에 응할 리 없다.

5. 이용훈씨가 자주 사용하는 '사법부의 독립'은 사실과 상식과 法理(법리)를 벗어난 엉터리 판결을 내릴 자유에 다름 아니다. 국회의 견제, 국민의 개입을 自招(자초)한 것은 이용훈의 사법부이다. 이용훈의 사법부엔 그 수준에 맞는 개혁안이 나와야 한다. '일류 국가를 지향하는 우리나라의 품격에도 어울리지 않는' 것은 한나라당의 개혁안이 아니라 이용훈과 사법부이다. 이용훈 대법원장은 진정한 사법부의 독립을 위하여 물러나라.

※국민행동본부 전국 순회 時局강연 안내

■부산: 4월13일(화) 오후 2시 부산시민회관

■대구: 4월15일(목) 오후 2시 대구시민회관

■서울: 5월11일(화) 오후 2시 프레스센터 20층

北의 테러임이 확인되면 잠수함 기지를 폭격하라! 당하는 데도 지쳤다!

1. 北敵(북적)의 상습적 도발海域(해역)에서 1200t 초계정이 '폭음과 함께 한방에 두 동강 난' 사건이다. 테러를 당한 생존자 58명과 그들의 생생한 체험, 그리고 폭발 순간의 지진파를 측정한 것이 가장 중요한 物證(물증)이다. 생존자가 한 사람도 없었던 대한항공 폭파사건도 해결한 대한민국이다.

2. 金泰榮(김태영) 국방장관은 국회에서 "(사건발생 시기에) 북한 잠수정 두 척이 보이지 않았다. 어뢰 공격 가능성이 실질적으로 높다. 폭파 시 물기둥을 본 군인도 있다. 내부 요인에 의한 폭파는 아니다. 군은 사고 직후 北의 도발이라고 보고 대응하였다"고 증언했다. 폭발 순간의 지진파를 분석하니 그 폭발력이 북한의 어뢰와 같았다. 北의 잇단 경고도 있었다.

3. 청와대는 사고 직후부터 "북한 연계성은 약하다"는 豫斷(예단)을 하면서 軍엔 豫斷하지 말라고 한다. 수많은 증거들이 쏟아져 나왔는데 아직도 "증거 없다"니? 김정일이 자백할 때까지 기다리자는 말인가? 청와대의 애매한 태도가 좌익들의 北감싸기에 이용되고 있다.

4. '公營(공영)'을 자처하는 KBS, MBC, 연합뉴스는 국군에 책임을 씌우고 김정일에게 면죄부를 주는 황당한 소설을 그만 써라! 거짓으로 판명된 기름탱크 폭파설, 암초충돌설, 금속피로설을 잇따라 제기하면서 국군을 흠집 내는 底意(저의)는 무엇인가? 우리는 KBS 시청료 거부 운동, MBC 허가 취소운동으로 응징할 것이다.

5. 國軍의 대응은 이만하면 잘한 것이다. 일부 기자들과 정치인들이 작당, 용의자인 북한 측을 편들고 殺身成仁(살신성인)하는 군대를 동네북으로 만들려 한다. 李明博(이명박) 대통령은 단호한 자세로 軍을 이끌고 國論(국론)을 통합, 차제에 우리 손으로 김정일 정권을 끝장내자!

6. 당하는 데도 지쳤다. 6 · 25 남침, 1 · 21 청와대 습격, 삼척 · 울진 무장공비 침투, 육영수 여사 암살, 아웅산 테러, KAL기 폭파, 서해 도발 등 우리가 당한 굴욕들을 모아 한꺼번에 복수하자! 당장, 노무현 정권이 허용한 북한선박의 제주해협 통과를 금지시켜라. 북한선박이 우리 측과 교신을 거부, 잠수정을 싣고 다니는지, 核무기를 싣고 다니는지, 무슨 무장을 하였는지조차 확인하지 못하고 있지 않은가. 휴전선상의 對北방송도 재개, 김정일의 무너지는 기반을 흔들자. 韓美연합사 해체 계획도 취소하라. 미국정부가 北을 테러지원국으로 再지정하도록 요청하라. 이스라엘식 武力(무력) 보복만이 근원적인 해결책이다. 敵의 잠수함 기지를 폭격하라!

※국민행동본부, 天安艦 사태 관련 긴급 강연회 개최 !
오는 4월8일(木) 오후 2시 용산 전쟁기념관 웨딩홀에서 이동복(전 국회의원),
한철용(전 5679부대장), 조갑제(기자), 김성욱('대한민국赤化보고서' 저자),
신혜식(독립신문 대표)씨 등이 강사로 나옵니다. 4월13일(火) 오후 2시엔
부산시민회관, 4월15일(木) 오후 2시엔 대구시민회관에서.

천안함의 冤魂(원혼)들은 김정일의 목을 원한다!

*"天安艦(천안함)을 잊지 말자!"는 검은 리본을 달자! 이번엔 반드시 敵의
피를 봐야 한다! '내부의 敵'을 이대로 두고는 '외부의 敵'과 싸울 수 없다!*

1. 民軍(민군)조사단은 어뢰공격으로 천안함이 침몰하였다고 발표하
고, 국방장관은 '국가安保(안보)차원의 중대사태'라고 선언하였다. 외계인
이 쏜 어뢰가 아니라면 김정일의 전쟁범죄임이 확실해졌다.

2. 천안함 戰死者(전사자) 46명은 살아 있는 우리들에게 "원수를 갚아
달라"고 호소한다. 戰犯(전범) 김정일의 목에 현상금을 걸자!

3. 武力(무력)응징만이 재발을 막는다. 6·25남침, 1·21청와대 습격사
건, 육영수 암살, 아웅산 테러, KAL기 폭파, 작년의 임진강 水攻(수공) 등
당하는 데도 지쳤다. 이번엔 반드시 敵(적)의 피를 봐야 한다.

4. 천안함 침몰 이후 가해자인 북한정권을 감싸고, 피해자인 국군을 난
도질해 온 사이비 기자들, 정치인들, 선동방송과 좌경신문, 從北(종북)단
체는 내부의 敵이다. 저들을 이대로 두고는 외부의 敵과 싸울 수 없다.

5. "북한에 특이동향 없다", "북한개입 증거 없다" 면서 대통령과 국민들
의 귀와 눈을 가린 청와대의 안보관련 참모들을 즉시 문책하라! 중도노선
을 폐기하라! 敵軍(적군)과 我軍(아군) 사이에서 중립이 가능한가? '국가
安保차원의 중대사태'를 구경만 해온 한나라당은 유권자들의 심판을 각오
하라!

6. 대통령은 시간을 끌지 말고 北의 범행임을 공식화하고 응징에 착수

하라! 북한 선박의 제주해협 통과 금지, 휴전선의 對北(대북)방송 再開(재개), 韓美(한미)연합사 해체 작업 중단, 국가차원의 對北풍선보내기 등 쉬운 일부터 시작하라!

7. 전투 중인 국군 지휘부에 대한 문책은 안 된다. 국방장관은 당당하게 처신하라. 김정일 편에 선 기자, 정치인들에게 휘둘리지 말라!

8. 이번에도 김정일을 응징하지 못하면 敵은 핵무기를 업고 더 큰 도발을 해올 것이다. 대한민국은 국가생존 차원의 결단을 내릴 때이다. 이 위기를 轉禍爲福(전화위복)의 계기로 삼아 國力(국력)을 총동원하고 國論(국론)을 통합하여 김정일을 제거하고, 자유통일로 나아가자!

9. 응징이 끝날 때까지 국민 모두가 "天安艦을 잊지 말자!"는 검은 리본을 달자!

※'천안함 사태 긴급 강연회'가 서울·부산·대구에 이어 오는 4월28일(수) 오후 2시에 인천(상륙작전기념관)에서 열립니다. 연사는 金東吉 교수, 趙甲濟 대표, 金成昱 기자 외.

'천안함 복수 공중어뢰(對北풍선) 날리기 운동'을 시작합니다!

'水中어뢰'가 오면 '空中어뢰'가 간다! 누구나 할 수 있는 對北응징: '진실의 풍선'으로 북한 하늘을 새까맣게 뒤덮어 '거짓의 공화국'을 무너뜨리자!

1. 46명의 생명을 앗아간 천안함 爆沈(폭침)에 대한 우리의 응징은 김정일을 표적으로 삼아야 효과가 있습니다. 김정일의 急所(급소)는 '거짓말 대장'이란 점입니다. 이 급소를 친 李民馥(이민복·과학자 출신 탈북자)씨의 對北(대북)풍선에 저들이 비명을 지르고 있습니다. 李씨는 작년에 혼자서 1500개의 풍선을 만들어 남북한의 진실을 담은 약 9000만 장의 삐라를 매달아 북으로 보냈습니다. 북한정권의 폭압기구들이 일제히 나서서 "敵(적)의 공격이 縱深(종심) 깊숙이 들어오고 있다"는 발작적 반응을 보이는 것은 '진실의 핵폭탄'으로 급소를 맞았기 때문입니다.

2. 한 사람이 보낸, 한 해에 2억 원어치도 안 되는 풍선에 저렇게 흔들리는 독재정권! 온 국민이 풍선보내기에 참여하면 햇볕을 받은 눈사람처럼 사라질 것입니다. 南風(남풍) 부는 날을 받아 수천, 수만 개의 풍선을 '공중어뢰'처럼 새까맣게 북녘 하늘로 날려 보냅시다. 평양, 신의주, 청진, 함흥 상공에서 풍선이 터지고 삐라와 1달러 지폐와 CD와 초콜릿이 우박처럼 떨어질 때 저들이 견디겠습니까?

3. 정부와 국민들이 슬퍼만 하고 있을 때도 李民馥씨는 언론을 피해가

면서 寃魂(원혼)들을 달래는 '천안함 복수 공중어뢰(對北풍선)날리기'를
꾸준히 해왔습니다. 조갑제닷컴(chogabje.com)이 그의 활동상을 기사화
하였더니 1주일 사이에 153명의 독자들이 2096만 원을 후원, 180개의 풍
선에 약 1000만 장의 삐라를 날려 보낼 수 있게 하였습니다. 풍선에 후원
한 분들의 이름을 적어 날리고, 동영상도 찍어 보내줍니다.

4. 풍선보내기에 직장, 마을, 학교, 교회, 동창회, 산악모임, 낚시모임,
가정과 어린이들도 동참합시다. 국민들이 직접 복수하는 방법은, 북한주
민들을 각성시켜 그들의 손으로 김정일 정권을 무너뜨리게 하는 것입니
다. 한 사람의 힘이 北을 떨게 하는데, 5000만 국민과 500만 해외동포들이
결심하면 김정일은 '하루아침의 해장거리'도 되지 않습니다. '대량살상무
기'인 김정일이 제거되어야 핵문제도 해결되고 우리는 발 뻗고 잘 수 있습
니다. 북한 돕기란 명분을 걸고 실제로는 북한노동당에 갖다 바치는 돈의
10분의 1만 풍선보내기에 써도 김정일 정권은 반드시 쓰러집니다! 돈과 진
실의 힘으로 거짓의 공화국을 해체합시다!

5. 애국은 손발과 지갑을 통해서만 표현됩니다. '진실의 空中(공중)어
뢰'로 60년 전쟁을 끝냅시다!

대한민국 만세! 국군 만세! 자유통일 만세!

참여단체 :뉴데일리, 조갑제닷컴, 韓美애국단체연합회, 美洲지역국민
행동본부, 독립신문, 참깨방송, 인터넷타임스, 한국자유연합, 해병대구국
결사대, 육해공해병대(예)대령연합회, 6 · 25남침피해유족회 외.

※ '천안함 사태 어떻게 응징할 것인가?' 서울강연회가 5월11일(화요일) 오후 2시
프레스센터 20층 국제회의장에서 열립니다.

민주당은 천안함 거짓 선동을 중단하라 !

천안함 관련 거짓과 선동을 계속한다면 애국시민은 민주당을
反국가정당으로 규정하고 해체운동에 돌입할 것이다.

신상철이라는 者(자)가 있다. "천안함 爆沈(폭침)의 원인이 좌초이며 미군이 연루됐다"는 주장을 떠들고 다니는 인물이다. 황당한 것은 신씨가 민주당이 추천한 천안함 민군합동조사단 조사위원이라는 사실이다. 국방부는 신씨가 지난 4월31일 합조단 발족 후 거의 매일 열리다시피 한 회의에 한 차례만 참석했고, 국제적 전문가 그룹과 토의 때는 전문성이 부족해 공신력을 실추시키고 있다고 밝혔다. 이쯤하면 신씨의 목적이 분명해 보인다. 진상규명이 아니라 효과적 從北(종북)선동을 위해 조사위원이 된 게 아닌가? 대체 이런 자를 추천한 ××당은 제정신인가?

언론보도에 따르면, 민주당 전현희 원내대변인은 국방부의 신씨 교체 요구에 대해 "원칙적으로 야당이 추천한 위원에 대해 정부가 교체하라 마라 하는 건 월권이다. 우리는 교체요구를 수용하지 않기로 했다"고 말했다. 민주당이 신씨를 추천할 당시 민주당 원내대표였던 이강래 의원은 언론에 "신씨를 누가 추천했는지, 신씨가 누구인지도 모른다"고 했다. 이들 말은 신씨의 궤변이 곧 민주당 측 의사이며 무슨 말을 하든 상관없다는 뜻으로 해석된다.

많은 국민은 천안함 폭침 이후 민주당이 과연 대한민국의 자유민주적 기본질서를 인정하는 정당인지 의심하고 있다. 국회의원이 앞장서 미국

관련 음모설을 주장하고 북한정권을 맹목적으로 옹호해 왔다. 민주당 '천안함 특위' 자문위원인 박선원이라는 자 역시 "과거 우리 측이 연화리 앞바다에 깔아놓은 기뢰를 격발시킨 게 아닌가 생각한다(4월28일 CBS 라디오 등)"는 등 북한정권의 대변인 역할을 자임해 왔다.

민주당이 앞으로도 정체불명의 외부 인사를 동원해 천안함 관련 거짓과 선동을 계속한다면 애국시민은 민주당을 反국가정당으로 규정하고 해체운동에 돌입할 것이다. 이 모든 사태는 민주당 스스로 자초한 것이 될 것이다.

천안함 爆沈이 김정일 소행으로 밝혀졌다.

정부는 차제에 국가비상사태임을 선포하고 대북응징은 물론 국내 친북좌익들을 모조리 체포하여 국가보안법으로 엄히 다스려야 한다. 국회는 김정일 응징 대북제재결의안을 즉각 발의하라!

※'천안함 폭파犯(범) 김정일 규탄 국민궐기대회'가 오는 25일(火) 오후 2시
대전광역시 충무체육관(중구 부사동)에서 열립니다.
특별연사 : 김동길(연세대학교 명예교수), 민병돈(前 육군사관학교 교장),
조갑제(조갑제닷컴 대표), 김성욱(대한민국적화보고서 저자),
신혜식(인터넷독립신문 대표)

'한국판 9·11 테러' 主犯 김정일을 골로 보내자!

국민 3大 행동요령: '김정일 위원장' 존칭 언론사에 항의전화하기, 중국대사관에 항의하기, 對北풍선보내기 운동에 동참하기.

1. '한국판 9·11 테러'인 천안함 爆沈(폭침)이 북한소행이 아니라는 정치인, 언론인, 공직자는 감옥에 보내라! 유럽에선 유대인 학살을 부정하는 언동을 하면 감옥에 간다. '내부의 敵'을 이대로 두곤 '외부의 敵'과 싸울 수 없다. 김현희 같은 북한 빨갱이는 진실을 알면 轉向(전향)하는데, 진실을 알고도 전향하지 않는 남한 빨갱이는 구제불능이다!

2. 李대통령은 萬惡(만악)의 근원인 6·15 반역선언을 폐기, '햇볕정책'에 死刑(사형)을 선고하고, 북한의 核개발 자금을 댄 반역자들을 가려내, 엄단하라!

3. 우리는 李대통령의 對北(대북)응징조치를 적극지지하며, 武力(무력)도발엔 武力응징이 가장 효과적인 보복임을 거듭 강조한다!

4. '단호한 대응'의 표적은 '대량살상무기' 자체인 김정일이어야 한다. 헌법정신을 받들어 테러主犯(주범) 김정일을 제거하는 데 國力(국력)을 총동원하라! 46명의 인간생명을 앗아간 자는 마흔여섯 번을 죽여도 모자란다.

5. 애국시민들은, '국방파괴자'인 테러主犯(주범) 김정일을 '국방위원장'이라고 존칭하는 신문과 방송 거부운동을 벌이자! 김정일이 기자들의 애비라도 되는가?

6. 천안함 爆沈의 진실을 외면하고, 테러主犯을 비호하는 중국정부는

韓民族(한민족)의 원수가 되려는가? 중국대사관에 항의하자!

7. 모든 유권자들은 오는 6월2일 지방선거에 참여하여 나라를 지켜냅시다.

8. 국군이 천안함을 격침시킨 북한어뢰 파편을 발견한 것은 하늘이 도운 일이다. 모든 국민들이 義憤心(의분심)으로 무장, 궐기하면 남북한의 김정일 세력을 골로 보낼 수 있다.

9. 모든 국민들이 당장 할 수 있는 對北응징-풍선보내기 운동에 참여하자! 6월25일을 前後(전후)하여 북한 상공으로 '진실의 공중어뢰'를 새까맣게 발사하자!

10. "이북 놈들이 죽였어! 북한에 왜 퍼줍니까? 우리 국민 죽으라고 이거 주장합니까?"(영결식장에서 故민평기 상사 모친이 한 말). 국군이 찾아낸 '진실의 武器'로 민족공멸의 핵폭탄을 無力化(무력화)시키고 민족반역의 김정일 세력을 끝장내자. 그리하여 통일되고, 자유롭고, 번영하고, 강력한 대한민국을 건설하자! 기회는 왔다! 대한민국 만세!

※오늘(25일 火) 오후 2시 대전 충무체육관에서 '천안함 爆沈犯 (폭침범) 김정일 규탄 국민궐기대회'가 열립니다 : 연사 김동길, 최병국, 민병돈, 조갑제, 김성욱, 신혜식씨 등.

김정일과 그 추종 親北(친북)쓰레기들을
같이 치우자!

천안함 爆沈(폭침)이 북한소행이 아니라는 남한 빨갱이들을 북송하라!

　1. '한국판 9·11 테러'인 천안함 爆沈(폭침)이 북한소행이 아니라는 정치인, 언론인, 공직자는 감옥에 보내라! 유럽에선 유대인 학살을 부정하는 언동을 하면 감옥에 간다. '내부의 敵'을 이대로 두곤 '외부의 敵'과 싸울 수 없다. 김현희 같은 북한 빨갱이는 진실을 알면 轉向(전향)하는데 진실을 알고도 전향하지 않는 남한 빨갱이는 구제불능이다!

　2. 우리는 李대통령의 對北(대북)응징조치를 적극지지하며, 武力(무력)도발엔 武力응징만이 가장 효과적인 보복임을 거듭 강조한다!

　3. 李대통령은 萬惡(만악)의 근원인 6·15 반역선언을 폐기, '햇볕정책'에 死刑(사형)을 선고하고, 북한의 核개발 자금을 댄 반역자들을 가려내, 엄단하라!

　4. 테러집단 감싸는 중국은 韓民族(한민족)의 원수가 될 작정인가?

　5. 모든 국민들이 당장 할 수 있는 對北응징—풍선보내기 운동에 참여하자! 6월25일을 前後(전후)하여 북한 상공으로 '진실의 공중어뢰'를 새까맣게 발사하자!

　6. 모든유권자들은 오는 6월2일 지방선거에 참여하여 나라를 지켜냅시다. 대한민국 만세!

※오늘(27일 · 목) 오후 2시 서울 시청광장에서 애국단체총협의회(상임의장 이상훈) 주관으로 김정일규탄 집회가 있습니다.

2010.06.07

愛國(애국)을 탄압하고 利敵(이적)을 비호한 選管委(선관위)의 '원천적인 부정선거'를 규탄한다!

애국자들의 '천안함 거짓선동 從北(종북)세력 비판'을 선거법 위반이라고 고발 · 경고한 선거관리위원회를 직권남용으로 수사하라.

1. 지방선거운동 기간 중 대전, 서울 선관위는 애국자들이 천안함을 爆沈(폭침)시킨 김정일 정권과 이들의 만행을 감싸는 從北세력을 비판한 행위가 '선거법 위반'이라고 판단, 관련자들을 고발, 경고하고 있다.

2. 대전선거관리위원회는 지난 5월25일 대전에서 열린 집회에서 趙甲濟 대표(조갑제닷컴)가 지방선거나, 특정정당, 또는 특정후보를 전혀 擧名(거명)하지 않고 오로지 김정일 정권 및 그 추종세력의 전쟁범죄행위 및 利敵행위를 비판한 것을 '선거법 위반'이라면서 경고했다. 이에 대하여 趙대표는 '사실조작 또는 사실오인에 의한 위법한 행정조치를 취소하고 사과하라'는 요지의 異義(이의)신청을 했다.

3. 서울선관위도 안보전략연구소 등 6개 단체가 지난 5월26일자 동아일보, 문화일보, 조선일보에 "천안함 관련 사실을 왜곡하여 국민을 호도한

親北좌파 세력을 강력히 규탄한다"는 신문광고를 게재한 것을 공직선거법 93조, 255조 위반으로 보고, 경고조치를 내렸다. 6개 단체가 낸 이 광고에도 특정정당이나 후보에 대한 언급은 전혀 없었다.

4. 그럼에도 서울선관위는 '위와 같은 광고내용은 유권자로 하여금 특정정당의 평가를 저하시킬 수 있는 내용'이라고 해석하였다. 즉 선관위는 "천안함 관련 사실을 왜곡하여 국민을 호도한 親北좌파 세력"이 지방선거에 나온 특정정당과 후보들을 가리키는 것이라고 본 것이다. 그런 利敵선동 행위를 한 정당이라면 法으로 보호할 것이 아니라 法으로 제재해야 하는데 선관위는 오히려 이들에 대한 비판을 금지시킴으로써 결과적으로 親北정당과 후보들을 이롭게 하는 결과를 초래하였다. 이는 원천적인 부정선거 조장행위이자 언론탄압 행위이고 국민기본권 침해이다.

5. 이런 어처구니 없는 職權(직권)남용 행위에 대하여 大田선관위 관계자는 '중앙선관위의 지침을 따른 것이다'고 설명하였다. 애국자들이 自國(자국)의 군함을 침몰시킨 敵과 이 전쟁범죄 행위를 감싸고 도는 利敵세력을 계속 비판하면 그들을 고발하여 감옥에 가도록 한다는 지침을 가진 집단이 헌법기관이라면 우리는 헌법체제를 지킬 수 없다.

6. 가령 북한노동당이 간첩을 후보로 내도 그를 비판하지 못하게 하고 비판하면 감옥으로 보내겠다는 게 선관위의 방침인가? 職權을 남용, 남의 권리행사를 방해하는 공무원(천안함의 진실을 지키려는 활동을 탄압한 자)이 감옥에 가야 하는 게 맞지 않는가? 누가 감옥에 가야 하는지를 결정하자! 국민행동본부는 내일 (6월8일) 집회에 선관위 측도 초청, 해명의 기회를 줄 예정이다.

※'애국탄압, 利敵선동비호, 부정선거 조장 선관위 규탄 국민대회'가 내일 (6월8일 · 화) 오후 2시 서울프레스센터 20층에서 열립니다. 연사는 김동길, 이 헌,

조갑제, 양영태, 김성욱, 신혜식씨 등입니다.

2010.06.16/06.22

북녘 하늘을 향하여
'천안함 爆沈(폭침) 복수의 공중어뢰'를 발사합니다

1. 李明博(이명박) 대통령은 지난 5월24일의 역사적 연설에서 김정일 정권을 '테러主犯(주범), 전쟁범죄자, 민족반역자'로 규정, 對北(대북) 제재를 선언하였습니다. 일본은 우리보다 먼저 對北금융제재를 시작하였습니다. 46명의 생명을 앗아간 천안함 爆沈(폭침)에 대한 한국과 국제사회의 응징에 국민들도 동참합시다.

2. 우리는 오는 6월23일 오후 2시 강원도 철원 백마고지(철원군 철원읍 산명리)에서 김정일을 표적으로 삼아 對北풍선을 보내기로 하였습니다. '6·25 남침 60주년'에 즈음하여 복수의 국민행동을 시작합니다.

3. 우리의 표적은 김정일입니다. 북한을 지옥으로 만들어놓고는 자신은 천국에서처럼 살아가는 김정일의 인간 말종적 행태를 폭로하는 삐라를 매단 풍선을 '공중어뢰'처럼 새까맣게 북녘 하늘로 날려 보냅시다. 평양, 신의주, 청진, 함흥 상공에서 풍선이 터지고 진실의 삐라들이 우박처럼 떨어질 때 저들이 견디겠습니까?

4. 정부와 국민들이 슬퍼만 하고 있을 때도 탈북과학자인 對北풍선단장 李民馥(이민복)씨는 冤魂(원혼)들을 달래고 김정일의 急所(급소)를 치는

'천안함 복수 공중어뢰(對北풍선) 날리기'를 꾸준히 해왔습니다. (천안함 폭침 이후) 백령도에서, 강화도에서, 철원에서, 김화에서 500여 개의 풍선에 3000만 장이 넘는 삐라를 달아 북녘 하늘로 띄워보냈습니다.

5. 정부와 軍이 對北심리전을 하든 말든 국민들은 김정일의 전쟁범죄, 테러, 민족반역 행위를 응징할 의무가 있습니다. 풍선보내기에 직장, 마을, 학교, 교회, 동창회, 산악모임, 낚시모임, 계모임, 가정과 어린이들도 동참합시다. 잘사는 우리 국민들이 나서서 북한주민들을 직접 각성시켜 그들의 손으로 김정일 정권을 무너뜨려야 '남한 빨갱이들'도 청소할 수 있습니다. 돈과 진실의 힘으로 거짓의 공화국을 해체합시다! '진실의 空中(공중)어뢰'로 60년 전쟁을 끝냅시다!

풍선 보내기는 날씨, 풍향에 따라 순연될 수 있습니다.

참여단체: 풍선삐라보내기日本실행위원회, 뉴데일리, 韓美애국단체연합회, 쿨TV, 조갑제닷컴, 국군포로송환위원회, 6·25남침피해유족회, 라이트코리아, 독립신문, 참깨방송, 육해공군해병대대령연합회, 해병대구국결사대, 한국자유연합, ROTC구국연합, 미주국민행동본부, 인터넷타임즈 외.

※오는 6월23일 오후2시 철원 백마고지에서 대규모 對北 풍선 보내기 決行(결행)!

내일(6월23일 · 수) 김정일을 폭격합니다!

미국동포들과 일본의 人權(인권)단체도 동참합니다. '진실의 핵폭탄'으로 민족반역집단을 해체, 북한의 노예동포들을 해방하여 60년 전쟁을 끝냅시다! '對北(대북)풍선보내기운동'에 동참하면 '테러主犯(주범)전쟁범죄자민족반역자' 김정일을 응징하는 역사의 주인공이 될 수 있습니다.

　1. 미군에 의한 교통사고로 여중생 두 명이 죽었을 때는 거리로 몰려나와 촛불시위를 벌이더니, 같은 또래의 군인들이 김정일 손에 46명이나 떼죽음을 당하였는데도 규탄 시위 한 번 안 한 젊은이들! 일말의 애국심이 있다면 월드컵 거리응원 때 '천안함 戰死者(전사자)를 위한 묵념'이라도 하라!

　2. 진실에 눈을 감고 '한국판 9 · 11 테러범'을 감싸는 민주당, 민노당, 참여연대는 反대한민국反민주주의 세력입니다. 이들이 가장 두려워하는 것은 진실입니다. '진실의 풍선'으로 김정일을 끝장내야 남한 내 졸개들이 사라집니다.

　3. 세계가 다 인정하는 천안함 爆沈(폭침)이 북한 소행이 아니라고 억지를 부리는 從北族(종북족)은 희귀동물입니다. 유네스코가 '세계 惡(악)의 유산'으로 지정할 날이 올지 모릅니다. 짐승보다 못한 이들이 퍼뜨리는 거짓말 바이러스에 국민 여러분들의 자녀들이 오염되는 것을 막아야 합니다. 젊은 영혼들을 위하여 어른들이 싸워야 합니다. 젊은이들이 망치고 어

른들이 구하는 나라가 '위대한 나라'라고 합니다(키케로).

4. '對北풍선보내기운동'에 모든 국민, 모든 회사, 모든 계모임, 모든 교회, 모든 동창회, 모든 등산회, 모든 향우회, 모든 가정이 참여합시다. 12만 원이면 풍선 한 개, 여기에 진실을 전하는 삐라 6만 장을 매답니다. 하늘이 새까맣게 덮이도록 풍선을 북녘 하늘로 날려 보냅시다. 즐겁게, 웃으면서 김정일을 골로 보낼 수 있는 방법입니다. 애국은 손발과 지갑을 통해서만 표현됩니다.

풍선보내기는 날씨, 풍향에 따라 순연될 수 있습니다.

참여단체 : 풍선삐라보내기日本실행위원회, 뉴데일리, 조갑제닷컴, 무공수훈자회, 백마고지전우회, 뉴라이트전국연합, 韓美애국단체연합회, 쿨TV, 국군포로송환위원회, 6·25남침피해유족회, 라이트코리아, 독립신문, 참깨방송, ROTC구국연합, 해병대구국결사대, 자유언론인연합회, 자유주의진보연합, 육해공군해병대대령연합회, 한국자유연합, 밝고힘찬나라운동, 미주국민행동본부, 바른태권도시민연합 외.

※23일 오후 2시 강원도 철원군 백마고지 앞에서 '천안함 爆沈―복수의 공중어뢰(對北풍선)'를 발사합니다.

天安시민들과 함께하는 '天安艦 폭침 규탄대회'

*김정일이 지령한 천안함 폭침은 愛國魂(애국혼)이 서린 충남 天安에 대한
도발입니다.*

1. 진실의 핵폭탄이 김정일을 맹폭격하고 있습니다. 국민 여러분들의
후원에 힘입어 對北풍선단과 국민행동본부 등은 지난 3월26일 천안함 폭
침 사건 이후 철원, 김화, 백령도, 강화도, 화천 등지에서 21회에 걸쳐 560
개의 큰 풍선에 3360만 장의 삐라와 800장의 DVD, 1달러 지폐 1600장을
매달아 북송하였습니다. 특히 6월25일엔 남침 60주년을 맞아 사상 최대
규모인 100개를 한꺼번에 날렸습니다.

2. 대한민국무공수훈자회(회장 이수희), 백마고지참전 전우회(회장 박
명호), 해병대 구국 결사대(단장 최병국) 등 참전용사들과 미국의 동포들,
그리고 일본의 人權단체들도 '反인류범죄자—민족반역자—테러主犯' 응징
에 동참하고 있습니다. '한국판 9·11 테러'를 일으킨 천하의 惡黨(악당)을
응징하는 데는 거룩한 인도주의와 正義(정의)의 분노가 있을 뿐 國境(국
경)이 없습니다.

3. 김정일이 지령한 천안함 폭침은 愛國魂(애국혼)이 서린 충남 天安에
대한 도발입니다. 독립투사 유관순, 반공투사 조병옥을 낳은 천안엔 독립
기념관과 金九(김구)재단도 있습니다. 애국의 고장 천안시민들이 천안함
을 잊지 않아야 합니다. 天安시민들과 함께 하는 '天安艦 폭침 및 비호세력
규탄대회'를 오는 7월20일(화) 오후 2시 천안시민회관에서 갖습니다.

4. 온 세계가 규탄하는 김정일 정권 비판 국회결의안에 반대하고 국군 비방에 앞장서는 민주당과 민노당에 묻습니다. 敵軍(적군)을 감싸고 我軍(아군)을 공격하는 당신들은 대한민국 세력인가 南勞黨(남로당)의 부활인가?

5. 천안함 폭침을 신호탄으로 남한 좌익들이 다시 들고 일어나고 있습니다. '대한민국 赤化(적화)시계'는 더 빨리 돌아가고 있습니다. 남북한 좌익세력의 사령부인 김정일의 명줄을 끊어 이 시계를 멈춥시다. 대한민국 만세! 국군 만세! 자유통일 만세!

■ 71명 학도병의 감동실화 영화 '포화 속으로'를 보고 젊은이들에게 권합시다.

※오는 7월20일(화) 오후 2시 천안시 시민문화여성회관(041-521-2852)에서 갖습니다.

7월13일(火) 오후 2시 서울 프레스센터 20층 국제회의장에서 '한나라당과 민주당의 최근 행태 비판' 강연회가 열립니다. 연사 : 김동길, 조갑제, 양영태, 신혜식 外

'犯法者(범법자) 우대'가 민주당의 소신인가?
한국의 어린 민주주의를 추행하지 말라!

1. 盜聽(도청) 책임자, 정치부패자, 親北(친북)인사를 유달리 重用(중용)하는 민주당은 '前科者(전과자)집단'을 만들 생각인가? 민주당이 이른바 민간인 사찰 사건 진상조사 위원장으로 임명한 신건 의원은 김대중 정권 당시 국정원장을 지내면서 정치인·공직자·언론인 등 각계 1800여 인사의 전화통화 도청을 지시한 혐의로 구속되어 실형을 선고받은 인물이다. 이 당의 원내대표 박지원 의원은 제1차 평양회담을 매수한 對北(대북)불법 송금 사건 주모자로서 실형을 산 사람이다. 이 당이 지사로 당선시킨 이광재, 안희정씨는 노무현 정권 시절 불법정치자금을 받아 구속되어 실형을 선고받았다. 이광재 강원도 지사는 대법원에서 형이 확정되면 지사직에서 해임되고 재선거를 해야 한다.

2. 민주당과 민노당은 천안함 爆沈犯(폭침범)인 김정일 정권을 규탄하는 국회 결의에 집단적으로 반대하였다. 지난 6월25일 南侵(남침) 60주년 논평에선 민족반역자 김일성의 전쟁범죄를 비판하지 않고 李明博(이명박) 정부만 비방하였다. 두 당은 '建國(건국)'이란 명칭에 불만을 품고 국가가 주최한 건국 60주년 기념식에 불참하였다. 지방선거 때처럼 두 당이 연대, '建國—南侵—爆沈 부정세력'을 조직, 국민들을 선동, 집권한다면 북한 정권과 손잡고 '연방제(적화)통일'의 길로 나아갈지 모른다. 그때 反共(반공)자유민주주의의 대한민국은 지도에서 사라질 것이다.

3. 국민들이 좌익선동에 넘어가 善(선)과 惡(악), 不法(불법)과 遵法(준

법), 敵軍(적군)과 我軍(아군)을 분별하지 못하면 '평화적 赤化(적화)통일'
도 불가능한 일이 아니다. 이제 국민들이 스스로 조직하고 救國(구국)행동
에 나서 새로운 희망을 만들 때이다. 우리의 가슴속에 쌓인 걱정과 불만과
분노는 반역과 부패의 기운으로 뒤덮인 기성 정치판을 청소할 수 있는 에
너지이다. 침묵하는 다수는 필요 없다. 행동하는 국민이라야 새 역사를 창
조한다. 애국시민들은 '자유통일'로 뭉치자!

　■학도병 이야기를 다룬 감동의 영화 '포화속으로'를 구경하고 권합시
다!
　■오는 7월27일 休戰(휴전)기념일을 전후하여 '복수의 공중어뢰(對北
풍선) 날리기'를 합니다.

※민주의 이름으로 민주주의를 파괴하는 '민주惡黨'들로 해서 걱정이 많은
국민들이 조직하고 행동하여 淸新(청신)한 救國세력을 만들 수 없는가를
고민하는 '국민행동 月例(월례) 강연회'가 오늘 오후 2시 서울 프레스센터
20층에서 열립니다. 김동길, 이동복, 조갑제, 양영태, 신혜식씨 등이 연사로
나옵니다.

천안함 폭침 주범 김정일 규탄대회!!

● 일시: 2010년 7월20일(화) 오후 2시

● 장소: 천안시 시민문화여성회관

● 특별연사: 김동길(연세대 명예교수), 이동복(북한민주화포럼 상임대표),

　　　　　조갑제(조갑제닷컴 대표), 김성욱(대한민국적화보고서 저자)

■ 천안함 공격은 대한민국을 향한 선전포고다. 정부는 잔악무도한 김정일 집단을 강력히 응징하라!

■ 국제적인 전문가로 구성된 합동조사단의 객관적·과학적 조사결과를 부정하고 안보리의 대북제재를 방해한 세력을 국가보안법으로 처단하라!

■ 북한의 천안함 폭침을 부정하고, 북한을 두둔하면서 군을 비판하는 종북좌파세력들을 국민의 이름으로 엄중 처단하라!

■ 안보가 바로서야 나라가 바로선다. 대한민국 국민은 '천안함을 잊지 말자'는 굳은 결의와 투철한 안보의식으로 재무장하자!

■ 굳건한 한미동맹을 바탕으로 전쟁을 억제하고, 우리 내부의 종북좌파세력을 척결하자!

■ 천안함 폭침은 애국혼이 서린 충남 天安(천안)에 대한 도발, 천안시민과 함께 북한을 규탄한다!

'親北反美일꾼'을 사회통합 수석으로 내정한 것은 대한민국 憲法 위반이다!

利敵(이적)단체 등과 손잡고 이라크 파병 반대, 국호 변경운동, 6·15 국가기념일 제정 운동을 주도해 온 좌익 핵심 활동가를 국가 지도부로 끌어들이는 것은 국가 정체성 파괴 행위이다.

● 이명박 정권의 소위 '중도'는 결국 좌파로 가기 위한 디딤돌이었는가? 청와대가 조직 개편에 따라 신설될 사회통합수석으로 박인주 평생교육진흥원장을 내정했다. 朴씨는 경북 칠곡 출신으로 경북고와 고려대 정치외교학과를 졸업하고 흥사단에서 잔뼈가 굵은 이로 알려져 있으나, 노무현 정권 시절 6·15 반역선언 실천에 가장 앞장서 온 인물이다. 6·15 선언은 북한정권의 對南(대남)적화전략에 동조한 반역문서로서 남북한 좌익은 '6·15실천'을 '연방제赤化(적화)통일'과 같은 뜻으로 쓰고 있다.

● 朴씨는 노무현 정권 기간 '6·15공동선언실천 남측위원회' 공동대표, '6·15공동선언실천 남측위원회 서울본부' 상임대표를 맡으면서 '6·15 공동선언 국가기념일 제정을 위한 선언문'을 제안하는 등 親北反美利敵(친북반미이적) 세력과 함께 활동해 왔다.

● 朴씨는 또 '미국의 이라크 侵攻(침공) 반대를 위한 시민대회'를 주도하고, '反核反戰(반핵반전)평화를 위한 시민네트워크'를 결성하는 등 反美的 관점에서 이라크 파병 반대운동을 이끌어 온 인물 중 한 명이다. '反核'이라면서도 김정일의 核개발에 반대한 흔적은 없다. 언론보도에 따르

면, 朴씨와 함께 6·15선언 실천 등을 주장해 온 인물들은 利敵단체로 판시된 범민련, 한총련, 극좌정당인 민노당 소속이 많았다. 그는 통일국호를 COREA로 바꾸는 운동까지 하여 대한민국의 정체성을 말살하려 하였다.

●신설될 사회통합수석은 시민사회진영을 아우르는 한편 불법·폭력을 마다않는 從北(종북)성향 단체들을 법의 테두리 안으로 끌어와서 순화시켜야 하는 중요한 직책이다. 누구보다 法治(법치)와 安保(안보)에 대한 확신이 필요한 사회통합수석에 안보와 법치에 위해한 존재인 親北反美 성향의 인물을 내정한 것은 '사회통합'이란 미명하에 反헌법적인 '좌파통합'을 위한 것이란 의심을 하지 않을 수 없다.

●대한민국 정통세력은 그간 이명박 정권의 애매한 '중도' 노선에 초인적 인내력을 발휘해 왔다. 이번 박인주 사회통합수석 내정은 李대통령이 6·15 반역선언과 거기에 담긴 연방제(赤化)통일 음모를 찬성한다는 의심을 사기에 충분하다. 김정일이 천안함 爆沈(폭침) 사건으로 6·15 선언과 햇볕정책을 스스로 침몰시켰는데도 李대통령이 6·15 활동가를 중용하기로 한 것은 시대착오적인 코미디이다.

●청와대가 만일 박인주 사회통합수석 임명을 강행한다면 우리 정통 愛國세력도 대응에 나설 수밖에 없다. 정통세력은 李明博 정권을 이단세력으로 규정, 과거 김대중·노무현 정권과 싸웠듯 국가와 헌법을 지키기 위하여 이명박 정권을 상대로 싸울 것이다. 이것은 마지막 경고이자 최후통첩이다. 李대통령은 중도노선을 폐기하고, 햇볕정책에 死刑(사형)을 선고하라!

※ '박인주 임명 반대 汎애국진영 기자회견'이 오는 19일(월) 오전 11시
서울 프레스센터 19층 기자회견장에서 열립니다!

    "문제는 安保야, 이 바보들아!"

미국은 對北금융제재, 우리는 對北풍선폭격!

정의로운 국민들이 진실을 지키기 위한 전투를 계속하고 있습니다. 황해도 지역이 우리의 풍선폭격으로 대혼란에 빠졌다고 합니다.

1. 우리는 지난 3월26일 김정일이 지령한 천안함 爆沈(폭침) 이후 응징작전을 개시, 약 700개의 대형 풍선에 4000만 장이 넘는 삐라를 매달아 북한으로 날려 보냈습니다. 800장의 DVD와 1달러 지폐 1600장도 함께 날렸습니다. 22일 현재 1241명이 후원해 주셨습니다. 백령도, 철원, 김화, 강화도 등지에서 발사한 '공중어뢰'를 맞은 황해도 일대는 대혼란에 빠졌다고 합니다. 거짓의 탑 위에 선 김정일 정권은 진실의 햇볕만 받으면 녹아버린다는 증거입니다.

2. 정의로운 국민들이 진실을 지키기 위한 전투를 계속하고 있습니다. 국민행동본부는 천안함 爆沈 직후부터 진실을 알리는 전국 순회 강연회를 계속하고 있습니다. 서울, 인천, 부산, 대구, 대전을 거쳐 지난 7월20일엔 천안시민들과 함께 '천안함을 기억하여 김정일과 그 졸개들을 끝장내자'는 다짐을 하였습니다. 이와는 별도로 지난 7월13일엔 義兵(의병)의 고장인 충북 제천시에서 '나라사랑 제천 시민운동연합' 주최로 대규모 규탄대회가 열렸습니다.

3. 지구상의 어느 짐승이 同族(동족)을 300만이나 물어죽입니까? 왜 배운 사람들이 그런 짐승의 졸개가 되려 합니까? 국민교육의 출발점은, "김정일은 나쁜 놈, 편드는 자는 더 나쁜 놈. 대한민국은 좋은 나라, 미국은 고

마운 친구"란 매우 간단한 진실을 가르치는 것입니다. 정부와 여당은, 천안함 爆沈이 북한소행이란 진실을 믿지 않는 약 30%의 문제국민(약 1000만 명의 成人)을 敎化(교화)할 생각은 않고 오히려 겁내고 있습니다. 官軍(관군)이 무너져도 義兵은 싸워야 합니다. 대한민국 만세! 국군 만세! 자유통일 만세!

참여단체: 풍선삐라보내기日本실행위원회, (사)태평양시대위원회, 뉴데일리, 대한민국무공수훈자회, 천안시재향군인회, 백마고지참전전우회, 상이군경회천안시지회, 뉴라이트전국연합, 자유주의진보연합, 해병대구국결사대, 피랍탈북인권연대, 해군동지회중앙회, 흥남철수작전기념사업회, 북한민주화포럼, 실향민중앙회, 미주국민행동본부, 韓美애국단체연합회, 국군포로송환위원회, 활빈단, 자유북한방송, 조갑제닷컴, 독립신문, 라이트코리아, 쿨TV, 참깨방송, 한국자유연합, ROTC구국연합, 자유언론인협회, 대한민국사랑회, 바른태권도시민연합, 육해공군해병대대령연합회, 21세기청년아카데미 외.

※오는 7월29일(목) 오후 3시 강원도 화천 평화의 댐 앞에서 또 대규모 풍선 날리기를 합니다!

"미친 개에겐 몽둥이가 藥(약)이다."

1. 오는 8월18일은 북괴군이 판문점 공동경비구역 안에서 미루나무 가지를 치던 두 미군장교(보니파스 대위, 바레트 중위)를 도끼 등으로 때려 죽인 사건이 난 지 34주년이 되는 날입니다. 이날 오전 11시, 韓美日의 義人(의인)들이 경기도 파주시 문산읍 통일대교 앞에서 도끼만행 사건을 기억하는 대규모 對北(대북)풍선 날리기가 있습니다.

2. 사건이 나자 朴正熙 대통령은 "미친 개에겐 몽둥이가 약이다"면서 臨戰(임전)태세를 갖췄고 미군은 보복 北進(북진)작전계획을 세웠습니다. 韓美동맹군이 一戰不辭(일전불사)를 다짐하자 김일성은 6·25 이후 처음으로 사과하였습니다.

3. 1·21청와대 습격사건, 육영수 여사 암살 사건, 8·18 도끼만행, 아웅산 테러, KAL기 폭파, 천안함 爆沈(폭침) 등 이루 헤아릴 수 없는 도발을 이어가는 김정일 미친 정권엔 百藥(백약)이 무효이고 오직 몽둥이가 藥입니다.

4. 국민들이 할 수 있는 가장 무서운 몽둥이질은 '對北(대북)풍선보내기'입니다. 국민행동본부(본부장 徐貞甲)와 對北풍선단(단장 李民馥)은 천안함 폭침 이후 1300명이 넘는 애국시민들의 후원에 의지하여 '對北풍선폭격'을 계속하고 있습니다. 강화도, 연평도, 백령도, 철원, 김화, 화천 등지에서 쏘아올린 (올해 들어) 1000개가 넘는 풍선이 6000만 장이 넘는 삐라를 뿌리면서 황해도 등지에 떨어졌습니다. 황해도 출신의 실향민들도 합세, 고향으로 '진실의 공중어뢰'를 날려 보냈습니다. 황해도는 대혼란에 빠

졌다고 합니다.

5. 병들고 미쳐가는 김정일 정권의 비참한 末路(말로)가 우리 눈앞에서 전개되고 있습니다. 7000만 韓民族(한민족)이 진실에 눈을 뜨고, 남북한의 민족반역세력, 즉 김정일 守舊(수구) 세력을 역사의 쓰레기더미로 던질 날도 멀지 않았습니다. 우리의 진실은 간단합니다. "김정일은 나쁜 놈, 편드는 자는 더 나쁜 놈. 대한민국은 좋은 나라, 미국은 고마운 친구."

6. 대한민국 사랑회(회장 김길자)는 建國(건국) 62주년을 맞아 이민복 풍선단장에게 '제3회 우남 李承晩 애국상'을 수여하였습니다. 우리 모두, 역사의 결정적 순간에 '對北풍선폭격'을 후원, 새 역사를 만드는 주인공이 됩시다! '北進통일 정신'을 '진실—정의—자유의 北進'으로 승화시켜 북한노동당 정권을 해체하고 자유통일하여 북한동포를 해방합시다.

후원단체 : 풍선삐라보내기日本실행위원회, 韓美애국단체연합회, 대한민국경우회, 대한민국지키기불교도총연합, 뉴데일리, 대한민국무공수훈자회, 백마고지참전전우회, 천안시재향군인회, 상이군경회천안시지회, 뉴라이트전국연합, 해병대구국결사대, 피랍탈북인권연대, 해군동지회중앙회, (사)태평양시대위원회, 자유주의진보연합, 북한민주화포럼, 실향민중앙회, 인터넷타임즈, 미주국민행동본부, 국군포로송환위원회, 자유북한방송, 조갑제닷컴, 독립신문, 라이트코리아, 쿨TV, 참깨방송, 한국자유연합, ROTC구국연합, 자유언론인협회, 대한민국사랑회, 바른태권도시민연합, 육해공군해병대대령연합회, 함남단천군민회, 21세기청년아카데미 외.

※오는 8월18일(수) 오전 11시 문산읍 마정리 통일대교 앞에서 도끼만행사건 34주년 기념 대규모 對北풍선 날리기

자신 있으면 민주당이 먼저 特檢(특검)과 國政(국정)조사를 요구하라!

남 탓 말고 국회와 言論(언론)이 직분을 다하면 진실은 밝혀진다. 前職(전직) 대통령의 자살과 관련된 비자금 의혹을 덮고 가는 나라는 法治국가도, 文明국가도, 民主국가도, 정보화 사회도 아니다.

1. 趙顯五(조현오) 경찰청장 내정자(현 서울경찰청장)의 문제발언은 너무나 구체적이다.

"그런데 여러분들, 노무현 전 대통령 뭐 때문에 사망했습니까? 뭐 때문에 뛰어내렸습니까? 뛰어내린 바로 전날 계좌가 발견됐지 않습니까? 차명계좌가. 10만 원짜리 수표가…거액의 차명계좌가 발견이 됐는데 그거 가지고 뭐 아무리 변명해도 이제 변명이 안 되지 않습니까? 그거 때문에 부엉이 바위에서 뛰어내린 겁니다. 특검 이야기가 나와서 특검하려고 하니까 권양숙 여사가 민주당에 이야기해서 특검을 못 하게 한 겁니다. 특검하면 다 드러나게 되니까. 그걸 가지고 뭐 검찰에서 부적절하게 뭐 수사를 잘못해서 그런 것처럼 이 정부가 탄압한 것처럼 그렇게 하면 안 되지 않습니까?"

중앙일보에 따르면, 大檢(대검) 중앙수사부장으로 수사를 지휘했던 이인규 변호사도 "지금 상황에서 내가 할 얘기가 없다"면서 "이미 검사가 아닌 사람이 할 말이 있겠나. 趙후보자가 청문회에서 설명할 문제"라고 밝혔다고 한다.

2. 그렇다면 趙청장 발언의 眞僞(진위)를 확인할 수 있는 방법은 간단하다.

—국회 인사청문회장에서 趙 내정자가 양심대로 진실을 말하는 것이다.

—국회가 당시 수사검사들을 證人(증인)으로 불러 선서를 시킨 다음 증언하도록 하는 것이다. 이때 僞證(위증)하면 처벌을 받는다.

—용감한 기자들이 수사식 보도로 진실을 밝혀내는 것이다.

—국민들이 '알 권리' 차원에서 정보공개(수사기록의 공개)를 신청하는 것이다. 거절당하면 소송을 제기하는 것이다.

—검찰이 스스로 수사기록을 공개하는 것이다.

3. 趙청장의 발언을 부정하는 민주당이 먼저 特檢과 國政조사를 요구하라! 前職 대통령의 자살과 관련된 비자금 의혹을 덮고 가는 나라는 法治국가도, 文明국가도, 民主국가도, 정보화 사회도 아니다. 공직자들이 진실을 알고 있으면서 私的(사적)인 이유로 침묵함으로써 '국민이 반드시 알아야 할 진실'을 은폐, 말살한다면 組暴(조폭)보다 못한 존재가 된다. 공직자의 倫理(윤리)는 패거리의 義理(의리)가 아니다. 一流국가를 志向(지향)하는 대한민국이 몇 사람의 利害관계 때문에 '白晝(백주)의 암흑'을 연출해선 안 된다.

목숨 주고, 쌀도 주고, 나라까지 퍼줄 건가?

남는 쌀을 배부른 학살자에게 주는 것보단 동물사료로 쓰는 게 더
人道的(인도적)이다. 최고의 대북지원은 김정일 정권을 무너뜨리는 것이다!

1. '김정일과 북한군 돕기'를 '북한동포 돕기'라고 사기 치지 말라! 짐승보다 못한 김정일에게 무슨 人道主義(인도주의)인가? 남는 쌀을 배부른 학살자에게 주는 것보단 동물사료로 쓰는 게 더 人道的이다.

2. 인정도 사죄도 않는 천안함 爆沈犯(폭침범)에게 웬 쌀 지원인가? 이번엔 460명이 죽어야 정신 차릴 것인가? 이회창, 안상수, 박지원, 김문수는 자기 집 팔아서 지원하라!

3. 100억 원을 對北풍선에 투자하면 삐라, CD, 1달러 지폐가 들어간 풍선 10만 개를 날려 보낼 수 있다. 쌀지원은 '김정일 돕기', 풍선은 '북한동포 직접 돕기'이다.

4. 김정일은 해외에 40억 달러의 비자금을 묻어두고도 식량수입에 1달러도 쓰지 않아 수백만 명을 굶겨 죽인 자이다. 좌파정권 10년간 100억 달러의 金品(금품)을 보내주었는데도 또 손을 벌리는 것은, 뜯어먹는 버릇을 키워주어 개혁의 필요성을 느끼지 않도록 만들었기 때문이다. 김정일과 그 측근들을 굶겨야 식량문제가 해결된다. 對北(대북) 쌀 지원은 북한의 개혁 개방을 방해한다. 식량난과 水害(수해)를 근원적으로 해결하려면 북한정권을 무너뜨려야 한다.

5. 언론은 학살자의 자식 '김정은 띄우기'를 중단하라! 김정은이 영국 다

이애나妃(비)라도 되는가? 언론이 북한노동당의 홍보대행사인가? 이승만, 박정희를 물어뜯던 그 根性(근성)은 어디다 팔아넘겼나? 중국에 가지도 않은 김정은이 訪中(방중)했다고 일제히 誤報(오보)를 하고도 바로잡지 않은 언론! 살인도 다 같이 하면 죄가 안 되는가?

후원단체: 풍선삐라보내기日本실행위원회, 韓美애국단체연합회, 대한민국사랑회, 대한민국경우회, 대한민국지키기불교도총연합회, 뉴데일리, 대한민국무공수훈자회, 백마고지참전전우회, 천안시재향군인회, 상이군경회천안시지회, 뉴라이트전국연합, 해병대구국결사대, 피랍탈북인권연대, 해군동지회중앙회, (사)태평양시대위원회, 자유주의진보연합, 북한민주화포럼, 실향민중앙회, 인터넷타임즈, 미주국민행동본부, 국군포로송환위원회, 자유북한방송, 조갑제닷컴, 독립신문, 라이트코리아, 쿨TV, 참깨방송, 한국자유연합, ROTC구국연합, 자유언론인협회, 바른태권도시민연합, 대령연합회, 활빈단, 함남단천국민회, 21세기청년아카데미 외.

※仁川(인천)상륙작전 60주년기념 對北(대북)풍선 날리기가 오는 9월15일(水) 오후 2시 강화도 평화 전망대 앞에서 있습니다. 탈북군인 출신 '북한인민해방전선' 및 인천시민들이 함께합니다.

쏠 테면 쏴라! 우리는 현상금을 걸고 암살단을 보낼 것이다!

만약 우리의 對北풍선 보내기에 저들이 武力으로 도발한다면 우리는 정당방위 차원에서 행동할 것이다.

북한 조선중앙통신은 지난 9월30일 판문점 평화의 집에서 개최된 남북 군사실무회담에서 북측 단장인 리선권 대좌(대령)가 남측의 對北 전단 살포를 비난하면서 "前線(전선) 일대의 우리 포병부대들은 발견한 삐라 살포 지점들을 타격할 만반의 사격태세를 갖추고 있다"고 협박했다고 보도했다.

국민행동본부는 對北풍선단과 함께 북한주민들에게 진실을 전하고 천안함 爆沈犯(폭침범) 김정일을 응징하기 위해 풍선을 북녘 땅으로 날려 보내고 있다. 많은 국민들이 '진실의 공중어뢰' 발사를 후원하고 있다. (올해 들어 1112개의 대형풍선에 6672만 장의 삐라, 2400장의 DVD, 1달러 지폐 2700장을 실어보냈다.)

북한정권도 비겁하게 어뢰를 쏘지 말고 對南 풍선을 보내 당당하게 대응하면 될 터인데, 우리를 포격하겠다고 협박하였다. 우리는 自衛(자위) 차원에서 아래와 같이 대응할 것이다.

1. 군대도 안 간 20대 아들과 할머니가 다 된 여동생을 대장으로 임명한 김정일의 兵丁(병정)놀이를 폭로하는 삐라와 CD를 집중적으로 보낼 것이다. 특히 김정은은, 김정일이 혼인신고도 하지 않고 동거한 재일동포 출신

女人 사이에서 난 私生兒(사생아)란 사실을 북한주민들에게 알려 '3대 세습 반대 운동'이 일어나도록 할 것이다.

　2. 만약 우리의 對北풍선 보내기에 저들이 武力(무력)으로 도발한다면 우리는 정당방위 차원에서 천안함 爆沈主犯(폭침주범) 김정일과 김정은의 목에 현상금을 걸고 암살단을 보낼 것이다. 한국인은 누구라도 무고한 국민 46명을 죽인 테러범의 목숨을 요구할 권리가 있다.

　3. 남북한 7000만 민족이 총궐기하여 3代세습 시도를 좌절시키는 것이 자유통일을 앞당기는 일이고 인도주의의 고귀한 실천이다. 가장 좋은 對北지원은 김정일과 김정은을 제거하는 것이다.

　4. 남한의 從北(종북)세력은 '3代세습 반대'를 선언, '김정일의 졸개' 생활을 청산하고 광명을 찾으라!

※'김정일의 兵丁놀이−3代세습 규탄 강연회'가 오는 14일(木) 오후 2시
기독교100주년기념관(서울 지하철 1호선 종로5가역 2번출구에서 도보로 7분)
대강당에서 열립니다. 천안함 유족 윤청자 여사도 나옵니다.

박지원과 민주당은 바보집단인가, 반역집단인가?

김정은 3代 세습은 '북한의 상식'이며 '영국식'이란 妄言(망언)을 하고, 천안함 爆沈(폭침)이 북한 소행인지 아닌지를 아직 모르겠다는 黨論(당론)을 가진 집단에 7000만 민족의 응징이 있을 것이다.

민주당 박지원 원내대표는 최근 정신건강을 의심하게 만드는 망언을 거듭하고 있다. 언론보도에 따르면 그는 "우리는 지금도 (천안함 爆沈이) 북한 소행인지 아닌지를 모르고 있다" "3代 권력세습은 북한에서는 상식이다. 영국 여왕 엘리자베스가(家)에서도 아들로 태어나면 왕자 되는 거 아니냐"고 했다.

그렇다면 김정일이 세계에서 가장 비싼 밥 먹으면서 북한동포 300만 명을 굶겨 죽인 것도 김정일의 상식적 행동이므로 비판하지 말자는 것인가. 우리 상식으론 있을 수 없는 일이지만 자신들 상식대로 한 것이니 문제를 삼지 말자는 것인가.

立憲(입헌)군주제의 영국 王家(왕가)를, 700만 명을 죽인 김일성 一家(일가)에 비유한 것은 영국에 대한 모독이자 역사에 대한 無知(무지)이다. 議會(의회)를 무시하는 王(찰스 1세)을, 청교도 혁명을 일으켜 斷頭臺(단두대)에서 처형한 이가 영국 사람들이다. 朴씨는 학생 시절 이 사건이 세계 민주주의 발전에 획기적 기여를 하였다는 史實(사실)도 배우지 않았단 말인가. 제정신을 가진 인간이라면 북한동포들에게 왕의 목을 친 영국사람처럼 행동하라고 말해야 한다.

　그토록 상식을 좋아하는 朴씨는 왜 천안함 爆沈이 북한소행이란 상식은 거부하는가? 그건 대한민국의 상식이기 때문인가? 김정일의 상식은 존중하고 대한민국의 상식은 무시하는 게 朴씨의 소신인가? 박지원 같은 사람에 대하여 故 黃長燁(고 황장엽) 선생은 이렇게 말하였다.

　〈북한의 독재 집단이 핵무기를 가지고 남한을 위협하고 있는 상태에서 북한을 찾아가 막대한 外貨(외화)까지 주면서 평화를 구걸하고는 앞으로 전쟁은 없을 것이라고 하여 국민들을 정신적으로 무장 해제시키고 참다운 평화의 수호자인 동맹국을 멀리 하도록 한 햇볕정책 주창자들은 국민을 속이는 반역행위를 감행한 僞善者(위선자)라고 평가해야 옳을 것이다.〉

　민주당이 이런 박지원의 妄言을 방치하는 것을 보면 집권을 포기한 정당임이 분명하다. 그래도 이 나라엔 맨 정신을 가진 사람들이 더 많은 세상이다. 죽었다가 깨어나도 민주당, 당신들은 대한민국의 정권을 잡지 못하고 저주를 받을 것이다.

　'반역적 僞善者(위선자)들'과 싸우다가 돌아가신 '分斷(분단)시대의 영웅' 黃長燁 선생의 명복을 빈다.

※'故 黃長燁 선생 추모 및 김정은 3대 세습 규탄 국민대회'가 오는 10월14일(목) 오후 2시, 기독교100주년기념관 대강당에서 열립니다. 천안함 유족 尹淸子 여사도 나옵니다.

특별연사: 조갑제(조갑제닷컴 대표) · 강철환(북한민주화위원회 부위원장) · 김성민(자유북한방송 대표) · 신혜식(독립신문 대표) · 장진성(탈북시인) 사회: 양영태(前 대통령주치의)

국민들 손으로
'거짓말쟁이' 박지원의 정치생명을 끊어주자!

사사건건 反국가단체와 학살자를 감싸더니, 중국정부의 제2인자 발언까지 날조, 祖國(조국)을 욕보이려 한 반역자! 그를 싸고도는 민주당에 정권을 줄 만큼 어리석은 국민들이 아니다.

1. 박지원 민주당 원내대표는 지난 10월19일 민주당 원내대책 회의에서 엄청난 거짓말을 했다. 習近平(시진핑) 중국 부주석이 김대중 전 대통령을 만난 자리에서 "왜 이명박 정부는 한반도 평화의 훼방꾼 노릇을 하는가"라며 한국정부의 對北정책을 직설적으로 비판했다고 주장했다. 이 주장은 중국정부의 공식 否認(부인)과 대화기록 등을 통하여 날조된 것으로 판명되었다.

야당의 원내대표가 중국 제2인자의 발언까지 조작, 조국을 욕보이고, 두 나라를 이간질시키고, 김정일 정권을 감싸려 했다. 이는 용서할 수 없는 선동이고 利敵(이적)행위이다. 박지원은 법적 책임을 지기 이전에 자진하여 政界(정계)를 은퇴하라.

2. 국민들은 박지원씨가 김대중 정권 시절 권력을 남용, 현대그룹을 앞세워 김정일의 해외비자금 계좌 등으로 4억5000만 달러를 不法(불법)송금한 사건의 주모자임을 잘 안다. 우리는 감옥에 갔던 그가 어떻게 국회의원이 될 수 있었는지 의아해하면서 그의 행태를 주시해 왔다. 그는 前過(전과)를 반성하지 않고, 從北的(종북적) 행태를 지속해 왔다. 천안함 爆沈(폭

침)이 북한소행이란 사실도 부인하고, 김정은의 3代세습도 북한의 상식이
므로 이해해야 한다고 말한 이다. 김정일–김정은이 싫어할 일은 하지 않
고, 그들이 좋아할 일과 祖國(조국)에 불리한 일들만 골라서 한다. 이런 자
가 장관 후보자들의 약점을 캐는 것은 뭐 묻은 ×가 뭐 묻은 ×를 나무라는
격이다. 韓民族(한민족) 가운데 이보다 더한 事大(사대), 賣國(매국), 利敵,
僞善(위선)을 저지른 사람은 드물다. 利敵행위가 전공인 이런 인물을 감싸
는 민주당은 매국노 이완용을 욕할 자격도 없다. 이런 집단에 정권을 줄 만
큼 어리석은 국민들이 아니다.

　3. 국민들은 '제2의 김대중'을 원하지 않는다. 거짓말이 들통 난 다음에
도 치사한 변명을 하고 억지를 부리는 자들에겐 절대로 公職(공직)을 맡겨
선 안 된다. 公職 말고도 먹고 살 방법이 많은데 왜 하필 국민세금을 축 내
는 公職을 맡는가. 민주당이 박지원을 정리하지 않으면 국민들이 민주당
을 정리할 것이다. 명명백백한 진실까지 외면하고 사사건건 反국가단체와
학살자를 감싸는 민주당은 바보집단이거나, 반역집단일 수밖에 없기 때문
이다.

김대업을 기억하고, 박지원에 속지 말자!

21세기의 大明天地에 거짓과 선동을 먹고 사는 어둠의 세력이 있습니다.

1. 2000년 봄, 김대중과 박지원과 임동원, 국민들을 속이고, 현대를 앞세워 김정일의 해외비자금 계좌 등으로 4억5000만 달러의 對北(대북)불법송금 주도.

2. 2000년 6월, 김대중, '김정일이 주한미군의 통일 후 주둔을 환영했다'고 왜곡.

3. 2002년 가을, 대통령 선거를 앞두고 김대업이 자료를 날조, 민주당과 일부 언론의 엄호 아래 李會昌(이회창) 후보를 겨냥, 아들 兵役(병역)비리 의혹을 허위로 제기했다가 구속되어 有罪(유죄) 확정.

4. 2002년 겨울, 대통령 선거기간 중 反美(반미)세력이 미군 장갑차에 의한 교통 사고를 여중생 살인사건으로 둔갑시키고 촛불시위를 벌인 사건.

5. 2004년 봄, MBC와 KBS가 탄핵소추된 노무현을 구하기 위하여 세계언론 사상 유례 없는 편파방송을 한 사건.

6. 2008년 봄, MBC와 민주당 및 從北(종북)세력 등이 세계에서 가장 안전하게 관리되는 미국산 쇠고기를 독극물처럼 선동, '狂牛(광우)난동'을 일으킨 사건.

7. 2009년 봄, 親盧(친노)세력, '李明博(이명박) 정부와 검찰이 노무현을 자살로 몰고갔다'고 선동.

8. 2010년 봄, 민주당과 민노당, 천안함 爆沈(폭침)을 북한소행으로 단정하는 데 반대.

9. 2010년 가을, 박지원 민주당 의원, 北의 3대 세습이 영국식이라고 강변하더니 중국 부주석이 한국 정부를 '한반도 평화의 훼방꾼'이라 욕하였다고 날조. 거짓임이 드러나도 사과 거부.

10. 2010년 가을, 민주당 강기정 의원, 대통령 부인이 뇌물 받았다고 폭로, 청와대가 허위라고 반박하자, 박지원은 '사실이면 수사하고 아니면 해명하면 될 일'이라고 논평.

21세기의 大明天地(대명천지)에 거짓과 선동을 먹고 사는 어둠의 세력이 있습니다. 건망증에 걸린 국민, 속아넘어가는 유권자들이 많기 때문입니다. 국민들과 有權者(유권자)들이 각성하여 우리의 꿈자리를 어지럽히는 어둠의 세력들을 정리합시다!

※ 매주 화요일 오전 11시30분, 여의도 민주당사 앞에서 '박지원 퇴출 촉구 기자회견' (자유민주수호연합 외)

※ '거짓 선동 규탄' 11월 순회강연

11월 9일(火) 오후2시 서울프레스센터 20층

10일(水) 강릉시청 대강당(033-640-5471)

16일(火) 양평군민회관(031-770-3770). 연사 金東吉·趙甲濟·梁榮太 등.

거짓 선동, 막말, 전기톱, 망치, 패싸움, 반역, 利敵, 從北행위가 난무하는 국회는 組暴인가, 전과자 집단인가?

민주당과 손 잡고 검찰의 不法로비 의혹 수사를 방해하는 한나라당은, '김정일의 2중대' 역할을 찾아서 하는 민주당의 2중대인가?

1. 우리 국민들이 李承晩·朴正熙라는 위대한 지도자를 만나 피, 땀, 눈물로 쌓아올린 대한민국은 올해 유엔개발기구(UNDP) '삶의 질' 랭킹에서 169개국 중 12등에 올랐다. 스위스, 영국, 프랑스, 덴마크, 싱가포르보다 앞이다.

2. 한국의 국회는 세계 랭킹이 몇 등인가? 전기톱, 망치, 패싸움, 선동, 막말, 반역, 利敵(이적), 從北(종북)행위가 난무하는 국회는 組暴(조폭)인가, 전과자 집단인가? 법을 만드는 이들이 법을 부수는 데 앞장 서고 있다. 국민들의 인내에도 한계가 있다.

3. 대한민국이 얻어 맞을 땐 가만 있던 국회가 왜 이 난리인가? 민주당과 손잡고 검찰의 不法(불법)로비 의혹 수사를 방해하는 한나라당은, '김정일의 2중대' 역할을 찾아서 하는 민주당의 2중대인가? 항의하려면, 압수수색 영장을 발부한 법원에 몰려가야지 왜 검찰에 항의하는가? 당신들은 부패사건에도 면책특권을 요구하는가? 유죄를 선고받은 상태로 근무하는 이광재 강원도 지사에 대하여 판결을 늦추고 있는 대법원에는 항의 안 하나?

4. 검찰이 국회의원을 수사하기 전에 국회가 먼저 自淨(자정)장치를 마련하라! 거짓폭로와 폭력亂動(난동)을 일삼는 국회의원을 제명하라! 부패 및 반역혐의로 유죄를 확정 선고받은 이들에 대하여는 영구적으로 국회의원이 될 수 없도록 하는 법안을 만들라!

5. 열심히 일하는 국민을 괴롭히는 국회, 공직자를 오만하게 모욕하는 국회, 국군을 능멸하는 국회, 젊은 세대에게 반역과 부패와 선동과 억지와 무례를 가르치는 국회, 국민세금을 낭비하는 국회, 그런 국회는 국가발전의 걸림돌이다. 막장國會(국회)와 민주惡黨(악당)과 웰빙與黨(여당)은 다 싫다! 헌법 제46조는 〈국회의원은 국가이익을 우선하여 양심에 따라 직무를 행한다〉고 규정하였다. 당신들은 私益(사익)을 우선하여 욕심에 따라 직무를 행하는가? 유권자 혁명이 이런 국회를 쓸어버릴 것이다!

※매주 화요일 오전 11시30분, 여의도 민주당사 앞에서 '박지원 퇴출 촉구 기자회견' (자유민주수호연합 외)
※국민행동본부 순회강연 : 11월16일(火) 오후 2시 양평군민회관(031-770-3770). 연사 金東吉 · 趙甲濟 등.

國情院 남성욱 소장은 자진해서 물러나라!

*'김일성–김정일의 선전원' 브루스 커밍스 책을 번역, 극찬한 사람이
國情院의 간부로 근무하는 한국은 나라도 아니다. G20 頂上 회의를 주최한
나라가 어떻게 이런 엉망진창의 人事를 방치하는가.*

'김정일 코드'는 '김일성 · 김정일의 선전원' 역할을 충직하게 해오면서
한국의 젊은 세대를 친북화시키는 데 적지 않은 害惡(해악)을 끼쳐온 미국
학자 브루스 커밍스가 쓴 책이다. 커밍스는 집요하게 6 · 25 남침전쟁을
좌익적 시각에서 왜곡, 김일성 정권을 감싸고 대한민국에 전쟁책임을 떠
넘긴 자이며, 제1회 김대중 학술상을 받았다. 커밍스는, 남성욱씨가 번역
하고 극찬한 '김정일 코드'에서도 김일성과 김정일의 독재와 학살과 人權
(인권)말살을 비호하면서 대한민국과 미국을 악랄하게 헐뜯었다.

균형감각과 학자적 양심이 없는, 왜곡과 편향으로 일관된 서적이다. 커
밍스는 북한정권의 전쟁범죄 행위에 대하여는 제대로 언급하지 않은 채
"미국인들의 야만적인 공습", "미국인들이 저지른 파괴와 끔찍한 살해",
"미군은 모든 것에 재미삼아 총을 쏘아댔다"며 "북한이 병영국가가 된 이
유는 "무엇보다 미국이 한국전쟁 동안 대학살(holocaust)을 저질렀기 때
문"이라는 악질적인 주장을 하였다.

인천상륙작전 이후에는 국군과 경찰에 의한 "지독하고도 무서운 보복"
이 이뤄졌다며 이를 "국군의 학살", "몰살", "중세 마녀사냥", "킬링필드"
등으로 표현한 뒤, "여자들은 남한과 미국 군인들에게 '밤낮없이' 强姦(강

간)을 당했다"고 덧붙인다.

이어 "북한에 대한 미국의 마지막 침공은 철저히 무장한 병영국가를 낳았다"며 "북한이 핵을 갖는다면 이는 부시가 만들어준 무기(Bush's bomb)"라고 썼다.

심지어 이 책은 "북한에는 부인할 수 없는 자유가 존재하며 그것은 한국적인 한국인이 되는 자유다"라며 신앙·언론·집회·결사·거주·이전 등 인간의 자유가 완벽히 박탈된 북한 상황을 "한국적 한국인이 되는 자유"라고 표현하였다. 소름끼칠 정도로 잔인한 惡魔(악마)의 변론문이다. 놀라운 것은 이 책의 譯者(역자)가, 북한정권의 對南赤化(대남적화) 노선에 맞서 조국과 자유를 지키는 임무를 부여받은 國情院(국정원) 산하 연구소장이라는 데 있다.

남성욱씨가 쓴 '옮긴이의 말'에는 브루스 커밍스나 북한정권에 대한 그 어떠한 비판도 나오지 않는다. 그는 커밍스를 "한국 현대사에 정통한 학자" "때로는 폭넓게, 때로는 바늘 끝처럼 예리하게 분석하고 통합…" 등으로 격찬한 뒤 "역사적 사실에 대한 서술은 최대한 검증을 통해 확인하였다"고 추켜세웠다. 그가 최소한의 학자적 양심이 있다면 '이 책은 왜곡과 과장과 편향이 많으므로 주의하여 읽어야 한다' '절대로 무조건 믿어선 안된다'는 해설을 붙여야 했다.

그는 오히려 '김정일 선전원'의 왜곡된 책을 격찬함으로써, 스스로 '김정일의 선전원의 선전원' 같은 역할을 했다. 이런 惡書(악서)를 번역, 호평하는 것보다는 차라리 김일성 선집을 소개하는 게 정직할 것이다. 그런 이가 다른 기관도 아니고 국정원의 간부로 근무한다면 우리는 인사권을 가진 李明博 정부의 정체성을 의심하지 않을 수 없다.

남성욱 소장은 늦었지만 지금이라도 자진사퇴하는 게 옳다. G20 頂上(정상) 회의를 주최한 정부가 어떻게 이런 엉망진창의 人事(인사)를 방치

하는가. 이런 일이 용납되는 한국은 나라도 아니다. 大明天地(대명천지)의
自由大韓(자유대한)에서 어떻게 이런 일이 일어날 수 있단 말인가?

戰時상황이므로 계엄령을 펴서라도 '내부의 敵'을 침묵시켜라!

'국방파괴자'를 '국방위원장'이라고 추켜세우는 방송과 신문부터 응징하자!
김정일이 너희들 상관인가?

　1. 아직도 천안함 폭침이 북한소행이 아니라고 주장하면서 사사건건 김
정일 편을 드는 利敵(이적)정당 민주당, 중국의 차기 지도자가 이명박 정
부를 한반도의 평화훼방꾼이라고 비판했다는 거짓말을 하고, 김정은 세
습은 영국식이라고 변호한 박지원, 황당한 천안함 음모설로 국군을 괴롭
히는 박영선, 주한미군 철수를 주장하는 민노당의 '6·25가 남침인지 북
침인지 모르겠다'는 대표 이정희, 미국이 核(핵)의혹을 조작하였다는 임동
원, 북한정권을 反국가단체로 볼 수 없다고 주장한 대법관 박시환, 김대중
의 반역노선과 노무현의 깽판노선을 계승하겠다는 殘黨(잔당)들!

　2. 겁쟁이, 배신자, 반역자, 기회주의자, 내부의 敵들을 이대로 두고는
敵을 응징할 수 없다. 김대중·노무현 정권 때 北核 개발을 도운 혐의를 잡
고도 조치를 취하지 않은 대통령, 200발 얻어맞고도 80발밖에 쏘지 못하

게 한 軍지휘부, 김정일 정권에 쌀을 주지 말자는 애국자를 겨냥, "너무 가혹하다"고 욕한 김황식 총리, 김정은을 '후계자로 내정되신 분'이라고 부른 김성환 외교부 장관, 이라크 파병 반대운동가이자 6·15 반역선언 실천운동가인 박인주 청와대 사회통합수석, 또 다시 이명박–김정일 회담을 추진하는 임태희 청와대 비서실장, '김정일의 선전원' 브루스 커밍스의 책을 번역하고 격찬한 國情院 산하 연구소 소장 남성욱, 애국세력을 배신, 보수정당의 기치를 내리고, 국군과 국민이 敵의 포탄에 맞아죽어도 화가 나지 않는 시체정당 한나라당! 특히 오렌지족 같은 소장파 의원들!

3. 북괴의 선전방송을 받아 '남조선괴뢰'라는 말까지 소개하는 방송, 국방파괴자를 '국방위원장'이라고 불러주는 언론, 천안함 폭침이 북한소행이 아니라고 주장하는 30%의 국민들, 인천상륙작전이 통일을 막았다고 분노하는 26%의 국민들, 얻어맞아도 武力(무력)대응은 안 된다는 26%의 살찐 돼지 같은 국민들을 두고 敵을 응징할 순 없다. 정부는 戰時(전시)상황이므로 필요하면 비상계엄령을 펴서라도 내부의 敵을 침묵시켜라!

4. 천안함 폭침에 武力응징을 하지 않음으로써 연평도 공격을 自招(자초)한 李明博 대통령이 또 다시 武力응징을 포기한다면 국민은 대통령을 포기할 수밖에 없다. 대통령, 국정원, 군은 천안함 폭침과 연평도 공격사건의 지령자인 김정일, 김정은 제거작전부터 세우라! 국민들은 그들의 목을 원한다! 북괴가 核폭탄을 實戰(실전)배치하기 전에 북한의 核시설을 공격하라!

※"武力보복촉구국민대회"가 12월2일(목요일) 오후 2시 기독교100주년기념관(서울 종로5가) 대강당에서 열립니다!

'국제사기판' 6者회담 포기하고, 核무장을 선언하라!

개성공단을 폐쇄하라! 6 · 15 선언을 폐기하라! 對北풍선을 보내라!
김정일을 전쟁범죄자로 고발하라! 정부 내의 對北굴종파를 숙청하라!

　李明博 대통령은 29일 청와대 춘추관에서 가진 '연평도 포격 도발에 대한 대통령 담화문' 발표를 통하여 "민간인을 향해 군사공격을 하는 것은 戰時(전시)에도 엄격히 금지되는 反인륜적 범죄"라고 규탄하고, "앞으로 北의 도발에는 반드시 응분의 대가를 치르게 할 것"이라고 강조했다. 현재 진행 중인 연평도에 대한 북괴군의 포격과 협박에 대한 응징책을 국민이 믿게 하려면 李대통령은 다음 조치를 취해야 한다.

　1. 먼저 김정일 정권에 최후통첩을 하라. 언제까지 책임자를 처벌하고 피해를 보상하며 해안포를 철거하지 않으면 모든 수단을 동원, 自衛權(자위권)을 행사하겠다고 공개적인 요구를 하라! 우리가 절대적으로 유리한 空中戰(공중전)으로 유도하는 게 좋다. 규칙이 안 통하는 골목에서 싸우면 불리하지만 링 위에서 싸우면 우리가 이긴다.

　2. 사상이 의심스러운 주변의 對北굴종파를 숙청해야 한다. 천안함 폭침 후에도 김정일 정권에 쌀을 주어야 한다고 주장한 자, 김정일을 만나야 한다고 유혹한 자들을 내쳐야 한다.

　3. 萬惡(만악)의 근원인 6 · 15 반역선언의 폐기를 선언, 햇볕정책에 사

형을 선고해야 한다.

　4. 개성공단 폐쇄를 결단해야 한다. 수백 명의 인질을 敵地(적지)에 남겨놓고 단호한 대응이 되겠는가?

　5. 지난 5월에 약속하였던 '對北심리전 방송의 再開(재개)와 對北풍선 보내기'를 실천해야 한다. 敵은 포탄을 날리는데 우리는 풍선도 못 날린다면 누가 대통령의 응징약속을 믿겠는가.

　6. 북한군에 지기 위하여 만든 交戰(교전)수칙을 폐기하고, 이 交戰수칙을 만든 자를 색출, 처벌해야 한다.

　7. 核(핵)에는 核이다. 核무장 선언이 최고의 응징이다!

　8. 김대중, 노무현 정권 때 북한의 核개발을 도운 반역자들을 가려내 처벌하고 中·北공모의 국제사기판인 6者회담을 포기하라!

　9. 애송이 김정은을 인정도, 상대도 하지 않겠다는 선언을 해야 한다.

　10. 李대통령이 지적했던 대로, 反인류적 전쟁범죄를 저지른 김정일을 정부가 나서서 국제형사재판소에 고발하라!

※'武力보복 촉구 국민대회'가 오는 12월2일(목요일) 오후 2시 서울 종로5가 기독교100주년기념관 대강당에서 열립니다.

'곰 세 마리 한 가족' 북한노동당, 민주당, 민노당은 차라리 合黨하라!

세계에서 천안함 폭침이 북한 소행임을 인정하지 않는 집단은 이 세 정당뿐이다. 강령, 정책, 행동이 '反대한민국노선'으로 똑같으니 3黨合黨하는 게 정직할 것이다.

북한노동당과 민주당과 민노당은 공통점이 너무 많다.

1. 이 3黨은 북한정권에 돈과 시간을 주어 核무기를 만들게 도운 햇볕정책을 지지한다.

2. 對南(대남)적화전략문서이자 반역면허증인 6 · 15 선언을 지지한다.

3. 세계에서 천안함 폭침이 북한소행임을 인정하지 않는 집단은 이 세 정당뿐이다. 지난 지방선거에서 피해자인 李明博 정부를 전쟁세력으로 몬 것도 이 3黨뿐이었다.

4. 북괴군의 천안함 폭침과 연평도 포격에 즈음하여 그 책임을 李明博 정부에 전가하는 정당은 세계에서 이 3黨뿐이다.

5. 민노당은 연방제 통일, 주한미군 철수, 보안법 폐지, 사회주의 지향을 黨의 강령으로 삼고 있어 북한노동당의 노선과 거의 같다.

6. 從北(종북)쓰레기들과 깽판꾼이 주동, 세계에서 가장 안전하게 관리되는 미국산 쇠고기를 위험물질로 둔갑시켜, 먹으면 인간 광우병에 걸린다면서 亂動(난동) 부릴 때, 이 폭도들을 응원한 것은 세계에서 이 3黨

뿐이다.

7. 북한정권에 의한 주민학살 등 人權(인권)탄압에 대하여 무관심한 정당은 이 3黨뿐이다.

8. 북한정권의 核개발을 변명해 주는 정당은 세계에서 이 3黨뿐이다.

결론적으로 이 3黨은 대한민국에 반대하고 진실을 부정하고 人權을 무시하고 헌법을 부인하며, 김일성-김정일 노선에 굴종, 추종한다는 점에서 공통점이 많다. 강령, 정책, 행동이 '곰 세 마리'처럼 비슷하고 서로 오손도손 잘도 노는 이들은 合黨(합당)하는 게 정직할 것이다.

북한노동당, 민주당, 민노당은 3黨합당, 자신들의 정체를 국민들에게 당당하게 드러내고 표를 달라고 하라! 민주당과 민노당이 북한노동당을 상전 모시듯 하므로 북로당이 민주당과 민노당을 흡수하는 게 자연스러울 것이다.

合黨하지 않으면 국민들은 이 세 정당 사이의 친밀한 관계를 감안하여 민주노동당을 남로당(남조선노동당), 민주당을 남민당(남조선민주당)이라고 불러야 할지 모른다.

※'武力보복 · 核무장촉구 국민대회'가 오늘 오후 2시 기독교100주년기념관 대강당에서 열립니다!

    "문제는 安保야, 이 바보들아!"

'利敵5인방' 박지원, 임동원, 이종석, 이재정, 정동영!

'이명박 정부가 한반도 평화의 훼방꾼'(朴), '부시가 核의혹 조작'(林), '北에 대한 적개심 교육 중단 권고'(이종석), '서해 NLL은 영토선이 아니다'(이재정), '민감한 지역에서 포사격 훈련도 문제'(鄭)

1. 박지원에게 묻는다. 지금도 천안함 폭침은 북한소행이 아니고, 李明博 정부가 '한반도 평화의 훼방꾼'이라고 생각하는가? 그렇다면 김정일을 '한반도 평화의 使徒(사도)'라고 보는가?

2. 임동원(김대중 시절의 국정원장)에게 묻는다. 북한이 우라늄 시설을 공개한 이 마당에 〈부시 정부가 (북한) 核의혹을 조작해 제네바 합의를 일방적으로 파기했다〉는 회고록의 터무니 없는 주장을 취소할 용의는 없는가?

3. 對北불법송금사건 때 임동원 원장의 지휘를 받는 국정원 직원은 김정일의 해외 비자금 계좌(중국은행 마카오 지점의 대성은행 계좌)로 不法자금 2억 달러를 보냈다. 林씨는 간첩 잡는 기관을, 간첩 두목을 위한 송금책으로 전락시킨 책임자이다. 그는 일본인 납치자 신광수까지 포함된 이른바 비전향 장기수 63명 北送(북송)에 반대한 애국시민들을, 從北(종북) 쓰레기들의 용어를 빌어와, '냉전수구세력'이라고 조롱한 사람이다.

4. 월간조선 2009년 6월호는 金銀星(김은성) 국정원 전 차장 인터뷰를 실었는데, "임동원 원장 시절, 내부에서 '원장을 조사해야 한다'는 의견 제

기"가 있었다는 주장을 소개하였다. 임동원은, 김대중과 김정일이 주한미군의 성격을 일종의 평화유지군으로 바꿔치기하여, 사실상 無力化(무력화)시키려 했던 음모의 심부름꾼이었다.

5. 임동원은 북한이 우라늄 농축시설을 공개한 뒤에도, "(北우라늄 사태는) 이명박 정부의 책임이다"는 취지의 賊反荷杖(적반하장)식 반박을 하였다. 김정일보다 더 김정일을 편드는 임동원의 여동생과 남동생은 북한에 살고 있다. 미국의 전 유엔 대사 존 볼튼도 그를 '진짜 북한정권 변명가' (real DPRK apologist)라고 표현했다.

6. 이종석(노무현 정권 때 통일부 장관)은 국군장교들에게 北에 대한 적개심 교육을 중단할 것을 권고한 이다. 이재정(후임 통일부 장관)은 "서해 NLL은 영토선이 아니다"고 강변하고, 武力(무력)으로 서해를 지켜낸 해군 작전에 대하여 "방법론을 우리가 반성해야 한다"고 말한 이다. 적개심이 없는 군대가 싸울 수 있나? 서해교전 때 죽은 장병은 개죽음한 것인가?

7. 정동영은, 제주해협을 북한 (무장)선박에 개방하고, 電力(전력) 200만kW 對北송전을 추진한 자로서 북괴군의 연평도 포격 도발은, 우리 군의 砲(포)사격 훈련에도 책임이 있는 것처럼 말하고 해병대가 응사한 포탄에 증오심이 묻어 있다고 악담하였다.

※오는 12월14일(火) 오후 2시 서울 프레스센터 20층 月例(월례)강좌 :
"이스라엘式으로 살자" (趙甲濟)

 "문제는 安保야, 이 바보들아!"

'대한민국의 수치' 박지원과 강기정을 뽑은 유권자들의 決斷을 촉구한다!

1. 북한정권의 핵개발을 도운 對北불법송금 사건의 主犯(주범) 박지원은 중국의 차기 지도자가 하지 않은 말까지 造作(조작), 이명박 정부를 '한반도 평화의 훼방꾼'이라고 욕하였던 거짓말쟁이이다. 거짓말임이 드러났는데도 의원직을 사퇴하지 않는다. 그는 천안함 폭침이 북한소행이란 사실도 인정하지 않는다. 민주당 의원 강기정은 대통령 부인이 뇌물을 받았다고 폭로했다가 거짓임이 드러났는데도 의원직을 사퇴하지 않는다. 원내대표인 박지원은 민주당 의원들을 동원해 국회의 議事(의사)진행을 폭력으로 방해하는 일종의 '의회 쿠데타'를 획책했고, 강기정은 여당 의원과 국회 경위를 폭행하였다.

2. 두 의원의 선동과 亂動(난동)은 議會(의회)민주주의를 모독하는 것이고 자신들을 뽑아준 지역구 유권자들을 욕보이는 짓이다. 국회는 '대한민국의 수치' 박지원과 강기정을 제명하라! 두 사람을 국회의원으로 뽑은 유권자들의 민주적 決斷(결단)을 촉구한다.

3. 정치부 기자들은 이런 박지원을 '紳士(신사)의원 11명' 중 한 명으로 뽑았다. 11명 중엔 '6·25가 남침인지, 북침인지 나중에 답하겠다'는 민노당 이정희 의원, 천안함 폭침이 북한 소행임을 인정하지 않고 터무니없는 의혹을 집요하게 제기하는 박영선 의원도 들어 있다. 분별력이 마비된 이런 기자들이 한국의 정치를 망치는 主犯이다.

4. 천안함 폭침과 연평도 도발의 主犯을 '국방위원장'이라고 호칭하는

방송과 신문사에 전화를 걸자! '국방파괴자'를 '국방위원장'이라고 美化(미화)하는 기자들은 헌법 위반, 사실 위반, 도덕파괴, 교육파괴에 책임을 져야 한다.

※매주 화요일 오전 11시30분, 여의도 민주당사 앞에서 '박지원 퇴출 촉구 기자회견' (자유민주수호연합 外)

2010.12.22

우리는 민주당과 민노당을 '대한민국의 敵'으로 규정한다!

김일성 屍身(시신)이 있는 '금수산 기념궁전'을 폭격하라!

1. 敵(적)을 편드는 자는 敵이다. 우리는 戰時下(전시하)의 상황에서 사사건건 交戰(교전) 중인 敵의 편을 들고 있는 민주당과 민노당을 대한민국과 국군의 敵으로 규정한다. 민주당과 민노당은 아직도 천안함 爆沈(폭침)이 북한 소행이란 사실을 부인하고 있다. 이들은 부끄럼도 없이 우리의 主權(주권)행사인 연평도 사격훈련 중단까지 요구했다. 북한정권이 도발을 계속하는 것은 이런 민주당과 민노당이 있기 때문이다. 지금 이 지구상에서 북한정권의 도발을 이렇게 편드는 정당은 '곰 세 마리 한 가족'–북한노동당, 민주당, 민노당뿐이다. 이들이야말로 전쟁과 도발을 부르는 전쟁유

발세력이다. 대한민국을 저주하고 민족반역자에겐 비겁하게 굴종하는 이들이야말로 親독재-反민주-反민족-反평화 세력이다.

2. 유럽과 이스라엘엔 유대인 학살을 부인하는 이들을 형사처벌하는 법이 있다. 그런 *法理*(법리)가 한국에 적용된다면 천안함 폭침이 북한 소행임을 인정하지 않는 민주당과 민노당은 감옥에 가야 한다. 민주당의 원내대표는 북괴군의 군사력 증강에 쓰였을 게 분명한, 현금 4억5000만 달러를 不法(불법)송금한 사건의 主犯(주범)이다. 민노당의 대표는 '6 · 25가 남침인지 북침인지는 나중에 답하겠다'고 말한 이다. 더구나 민노당의 강령엔 북한정권의 對南赤化(대남적화)전략과 같은 사회주의 지향-연방제-주한미군 철수-국가보안법 철폐가 들어 있다. 정부는 민노당을 자유민주적 기본질서를 부인하는 위헌정당으로 규정, 해산절차를 밟아야 할 의무가 있다. 민주국가의 정당이 利敵(이적)행위의 특권을 누리도록 방치하면 民主(민주)도 국가도 망한다.

3. 內敵(내적)을 쳐야 主敵(주적)에 이길 수 있다. 내부의 敵을 단속해야 前方(전방)의 國軍(국군)이 안심하고 싸울 수 있기 때문이다. 국가는, 자유민주주의의 고귀한 가치와 국민들의 생명 재산을 지키기 위하여, 민주당과 민노당을 '공동체의 敵'으로 규정, 상응하는 대우를 해주어야 할 권리와 의무가 있다. 반역자들을 국회의원으로 뽑은 유권자들도 반성해야 한다. 민주당과 민노당을 야당이 아니라 국가의 敵, 헌법의 敵으로 봐야 해결책이 나온다.

4. 內敵을 침묵시키려면 主敵에 단호하게 나가야 한다. 비행기도 타지 않는 김정일이 자기가 죽을 게 뻔한 全面戰(전면전)을 일으킬 리 없다. 前 국방부 정보부대장 韓哲鏞(한철용)씨의 말대로 가장 효과적인 응징은 민족반역자 김일성의 屍身(시신)이 있는 금수산 기념궁전을 미사일로 정밀 폭격하여 북한정권의 심장을 찢어버리고 뇌수를 도려내는 것이다. 북괴군

이 다시 도발하든지 '서울 불바다'로 협박하면 國軍은 '금수산 불바다'로 대응하라! 지저분하게 싸우는 김정일에겐, 우리도 기습하고 선제공격을 해야 이긴다. 얻어맞은 뒤에 반격한다는 守備(수비) 위주의 생각을 버리고 공세적으로 나아가라! 지금이 기회이다!

2011년엔 '一戰不辭'(일전불사)의 자세로 '從北撲殺'(종북박살)냅시다!

1(금강산 관광객 피살)+6(임진강 水攻 피살자)+46(천안함 폭침 戰死者)+4(연평도 포격 戰死者)=57명. 지난 3년간 김정일이 앗아간 57명의 한국인 목숨, 내년엔 반드시 이 원수를 갚아야 합니다. 민족의 원수를 편드는 민주당, 민노당, 박지원, 송영길 등 '전쟁유발세력'을 진압하지 않고는 主敵(주적)과 싸울 수 없습니다.

2010년의 인물: '광야의 先知者(선지자)' 尹淸子(윤청자) 여사

1. 지난 4월29일 평택2함대에서 열린 천안함 戰死者(전사자) 영결식에서 故민평기 상사의 어머니 윤청자 여사는 강기갑에게 "북한에 왜 퍼주십니까. 쟤들이 왜 죽었습니까. (우리가) 주면 무기만 만들어서. 우리 국민 더 죽으라고 이거(對北지원) 주장합니까. 이북 놈들이 죽였어. 이북 주란

말 좀 그만하세요. 피가 끓어요"
라고 항의했다.

지난 가을엔 참깨방송과 한 인
터뷰에서 이렇게 예언했다.

"(쌀 주면) 안 돼요. 우리 또 죽
어요. 무기 사고 배부르고 筋力
(근력) 올라서 우리 아까운 생명,
군인들 또 죽여요. 또 죽여요. 두
고 봐요."

윤청자 여사는 지난 11월18일
저녁 KBS홀에서 열린 천안함 46
용사 추모 음악회 무대에 올라
"김정일과 김정은 그 사람들이 망
해야 이북사람들도 평화가 돼요.
그 사람들이 망하지 않고선 평화
가 될 수 없다"고 밝혔다.

"처음부터 안 줬으면 이런 불상사가 없지요. 우리 아들 안 죽었습니다.
뭐 때문에 주냐고요? 이북은 백만 톤의 쌀을 전쟁 시에 먹으려고 두고 있
다는데 뭐 때문에 對北지원을 줘야 한다고 그러시는지, 저는 그게 제일 분
하고 억울해요."

그 5일 뒤 북괴군은 연평도를 포격, 4명을 더 죽였다. 사사건건 김정일
의 도발을 편들어 한국의 젊은이들을 죽이도록 남한에서 부추긴 '전쟁유
발세력'을 찾아내 내년에는 박살내야 한다. 그래서 내년의 四字成語(사자
성어)는 '一戰不辭, 從北撲殺'(일전불사, 종북박살)이다.

2010년 최악의 妄言(망언)과 妄動(망동)

1. 박지원: "시진핑 중국 부주석이 지난해 5월 베이징을 방문한 김대중 前 대통령에게 이명박 대통령은 한반도 평화의 훼방꾼이라는 말을 했다." (거짓말로 밝혀짐).

"(천안함 사건이) 북한의 소행이다, 아니다 여부를 규정한 적 없다. … 우리는 지금도 북한 소행인지 아닌지를 모르고 있으며 의혹을 갖고 있다." (폭침 사건 일곱 달이 지나서 한 말)

2. 송영길(인천시장): "연평 사태의 원인은 李明博 정부가 펼쳐온 對北 강경책 때문이지 햇볕정책 때문은 아니다."

3. 강기정(민주당 의원): 대통령 부인이 뇌물 받았다는 폭로가 거짓으로 밝혀져도 의원직을 사퇴 않고, 한나라당 의원을 먼저 때렸다가 매를 맞은 뒤 애꿎은 국회경위를 때렸다.

4. 이정희(민노당 대표): "6 · 25가 남침인지, 북침인지는 나중에 답하겠다."

5. 천정배(민주당 의원): "이명박 정권을 확 죽여버려야 하지 않겠나."

※2011년도 국민행동본부 출정식이 1월14일(金) 오후 2시 서울 프레스센터 20층에서 열립니다.

2011

北이 核미사일을 實戰배치해도 '찢어진 우산'만 펼 것인가?

北의 核무장을 막지 못한 美의 核우산은 우산이 아니다. 北을 무너뜨리든지, 北核 시설을 폭격하든지, 대응핵무장을 선언하라!

1. 북한정권이 核폭탄을 小型化(소형화), 장거리 미사일에 장착, 實戰 (실전)배치함으로써 한국의 생존을 위협할 날이 다가오고 있다. 우라늄농축 시설이 본격적으로 가동되면 核무기 量産(양산)체제를 갖출 것이고 북한은 核강국이 될 것이다.

2. 이렇게 되면 北이 천안함 爆沈(폭침)과 연평도 도발 같은 사건을 일으켜도 核무기를 갖지 못한 한국군은 응징을 할 수 없게 될 것이다. 한국의 從北(종북)세력은 北이 도발해도 무저항주의로 나가야 한다면서 조국을 북괴에 종속시키려 할 것이다. 從北세력이 정치와 언론을 장악한 상태에서 북괴군이 기습남침, 서울을 포위하고 "현 위치에서 휴전하자. 불응하면 핵무기를 쓰겠다"고 위협할 때 국가지도부가 과연 決死(결사)항전을 결단할 수 있을지 의심스럽다. 韓美(한미)연합사가 해체되는 2015년 후라면 미국이 한국을 위하여 核전쟁을 각오하고 核무장한 北을 武力(무력)응징할 수 있을지도 의문이다.

3. 중국은 北의 核개발을 막지 않았고 사실상 지원했다는 사실이 드러나고 있다. 싱가포르 리콴유(李光耀) 전 수상은 "北이 美中 사이에서 완충역할을 해주기 때문에 중국은 일본이 핵무장을 하는 한이 있더라도 北의

핵무장을 막지 않을 것이다”고 말하였다. 그런 중국이 주도한 6자회담은 이미 국제사기극으로 드러났다. 우리 정부는 아직도 6자회담에만 기대를 걸고 ‘대화를 통한 해결, 평화적 해결’을 주문 외우듯 하고 있다. 한나라당은, 조국이 ‘核미사일 實戰배치’를 향한 초읽기에 들어간 위기상황에서도 ‘복지 포퓰리즘’만 노래하면서 딴 나라 일처럼 구경만 한다.

4. 敵(적)이 핵무기를 가졌는데도 자위적 차원의 핵개발을 해야 한다는 움직임조차 생기지 않는 곳은 지구상에서 한국뿐이다. 미국이 제공한다는 核우산은 北의 核무장에 의하여 이미 ‘찢어진 우산’이 되었다. 核무장을 막지 못한 核우산은 우산이 아니다. ‘찢어진 우산’에 5000만 국민의 생존을 의탁할 순 없다. 비 올 날에 대비, 우리의 우산을 준비해야 한다.

5. 북한정권을 무너뜨리든지, 北核 시설을 폭격하든지, 대응핵무장을 하는 수밖에 없다. 安保(안보)를 외국이나 국제사회에 의존하는 나라는 독립국가가 아니다. 조갑제닷컴(chogabje.com)의 인터넷여론조사에 따르면 한국의 대응핵무장에 찬성하는 여론이 99%였다. 한국은 自衛的(자위적) 차원의 핵개발 의지를 공개적으로 선언해야 한다. 핵확산금지 조약(NPT)도 ‘핵문제와 관련된 비상사건이 自國(자국)의 최고이익을 위태롭게 한다고 판단한다면 본 조약으로부터 탈퇴할 수 있다’고 규정하였다. 자신을 지키는 일을 부끄럽게 생각한다든지 안보문제에서 敵의 눈치를 보는 자는 노예이다. 中北이 핵무장을 배경으로 한국을 압박하고 있는 상황에서 敵을 편드는 從北세력을 방치하는 나라는 자살을 결심했다고 볼 수밖에 없다. 戰犯(전범) 집단의 核미사일 實戰배치를 저지하기 위하여 국민들이 무엇을 해야 하는지 정부는 가르쳐주지 않는다. 국방까지 미국에 外注(외주)를 주고 웰빙에만 탐닉할 것인가? 살찐 돼지같이 살다가 야윈 늑대에게 잡혀 먹힐 것인가?

※從北撲殺(종북박살)! 국민행동본부 출정식이 오는 1월14일(金) 오후 2시 서울 프레스센터 20층에서 열립니다.

2011.01.12

'無償(무상)'은 없다. 세금이 있을 뿐이다!

국민세금으로 생색내려는 '무상급식', '무상의료'는 對국민사기이고 세금도둑이다. 젊은 세대의 미래를 희생시키는 毒藥(독약)이다.

1. '무상급식', '무상의료'는 말 자체로 이미 對국민사기이다. 전교조계열 교육감과 민주당이 자신들 돈으로 급식하고 의료하여야 '무상급식'이다. 국가가 국민세금으로 급식비를 부담하는 것은 '세금급식', '有償(유상)급식'인데, 이를 안 갚아도 된다는 의미의 '無償(무상)급식'이라고 거짓말하여 국민들을 속이려 한다.

2. 민주당이 주장하는 대로 90% 무상의료를 시행하면 국민들은 1인당 보험료를 세 배 더 내야 하고 기업은 6조2000억 원, 국고보조금(이 역시 세금이다)은 3조2000억 원을 더 부담해야 한다고 한다(병원협회 조사). 무상의료가 아니라 세금을 더 거두어야 하는 '增稅(증세)의료'이다.

3. 이 세상에 갚지 않아도 되는 공짜가 어디 있나? 공짜가 있다고 거짓말하는 서울시 교육감, 서울시의원들, 그리고 민주당은 자신들 돈을 모아 무료급식, 무료의료를 하라. 국민세금을 자기 돈처럼 퍼주면서 생색을 내

는 것은 對국민사기이고 '세금도둑'이지 무상급식이 아니다. '무상'이란 말 자체가 "나는 사기꾼이다"는 고백이다.

4. 국가의 도움을 받을 필요가 없는 사람들에게 복지의 명분으로 세금을 퍼주면 정작 도움이 필요한 사람을 도울 수 없다. 정치인이 '복지 포퓰리즘'으로 '공짜심리'를 퍼뜨리면 나라는 안으로 골병이 들고, 국민정신은 타락한다. 공짜급식, 공짜의료, 공짜보육, 그 다음은 공짜주택인가? 아직 赤化(적화)가 멀었는데, 민주당은 대한민국에서 공산주의를 하겠다는 것인가?

5. '세금급식'과 '增稅의료'로 늘어나는 부담을 가장 크게 져야 할 사람들은 세금을 많이 내는 젊은 회사원들이다. 하늘에서 돈다발이 떨어진다고 착각하도록 만드는 '복지 포퓰리즘'은 젊은 세대의 미래를 희생시키는 毒藥이다.

6. 오세훈 시장이, 서울시 교육감과 서울시의회가 강행하려는 '세금給食(급식)'의 찬반을 놓고 주민투표를 하자고 제안한 것을 적극 지지한다. 국가의 미래를 좌우하는 문제를 좌경깽판 세력에 맡겨놓을 순 없다. 유권자와 납세자의 권리를 존중하라! 공짜는 없다. 세금이 있을 뿐이다.

7. 언론은 정확한 명사를 써라. KBS가 '국방파괴자' 김정일에게 '국방위원장'을 붙이지 않기로 결정한 것을 환영한다. 국민세금을 자기 돈처럼 쓰고, 김정일에겐 굴종하고 추종하는 從北세력을 '진보'라고 부르지 말라!

※ '一戰불사, 從北박살' 국민행동본부 2011년 출정식이 1월14일(金) 오후 2시 서울 프레스센터 20층에서 있습니다. '퇴역여군對北풍선단' 발족식도 있습니다.

헌법을 사수한 愛國者에게 유죄를 선고한 판사,
그대들의 조국은 어디인가?

*2004년 10 · 4 국민대회는 친북좌익정권의 국가보안법 폐지 책동을 저지한
의거였다!*

2011년 1월20일 徐貞甲(서정갑) 국민행동본부장 등이 서울고법 형사5
부 항소심 선고공판에서 2004년 10월4일 국가보안법死守(사수)국민대회
에서 폭력 시위를 방조한 혐의(특수공무집행방해치상 등)로 징역 1년6월,
집행유예 2년을 선고받았다.

한마디로 엉터리 기소를 기초로 한 엉터리 판결이다. 재판장은 徐본부
장에 대한 징역형 선고의 근거로 "2004 국민대회는 국가보안법 폐지라는
정치적 입장에 근거하여 목적을 관철한 暴力的(폭력적) 집회였음"을 들었
다.

이 무슨 황당한 일인가? 재판장은 이날 집회를 다룬 기사도 보지 못했
나? "10만여 명이 참가했지만 불상사는 없었다"는 조선 · 동아일보 등 주
요 일간지 보도는 거짓이었나?

10 · 4 국민대회는 평화집회였다. 오히려 집회당시 경찰은 "평화행진을
보장하겠다"는 약속을 깬 채 대부분 60~70대 노인인 시민들을 향해 물대
포를 쏘고, 방패와 워커로 가격했다. 이 과정에서 부상자가 속출했고 피해
자들은 인근 병원에 호송됐다.

갑작스러운 경찰의 일방적 폭력행사에 몇몇 시민이 항의해 피켓, 물통, 깃발을 던진 건 사실이다. 그러나 주최 측 통제에서 벗어난 우발적 항의 몇 건을 가지고 10·4 국민대회를 폭력집회로 모는 건 어불성설이다.

재판장에게 묻는다. 무슨 폭행, 무슨 폭력을 말하나? 노인을 상대로 방패를 들어 찍고 물대포를 쏜 폭행과 폭력 말고 무엇이 있었단 말인가? 청와대 지시를 '성실히' 이행한 경찰의 폭행과 폭력 말고 다른 것이 있었단 말인가?

反좌익·호국투쟁에 앞장서 온 徐본부장에 대한 표적수사였다. 정권이 바뀐 뒤에도 2008년 4월 검찰은 徐본부장 등에게 징역2년을 구형했고 판사 역시 좌익정권이 끼워 맞춘 날조된 공소장을 근거로 징역 1년8개월 집행유예 2년을 선고했었다.

항소심에서 재판장은 또 "행사 종료 후 경찰 호위 속에 청와대에 항의서한을 전달하기로 예정됐던 약속을 경찰 측이 어겼다"는 徐본부장 측 주장에 대해 "경찰과 그러한 약속이 있었다고 보기 어렵다"고 판시했다. 문제의 약속에 대해 증언한 당시 서울경찰청 정보담당 S모 경위의 통화내역을 확인이나 해보았나?

우리는 검찰에 질문한다. 왜 노무현 전 대통령의 비자금 의혹은 수사도 하지 않는가? 왜 국가 예산으로 수사를 했으면서 수사자료도 공개하지 않는가? 좌경세력을 편들고 애국세력을 탄압하는 게 대한민국 검찰의 임무인가?

2004년 10·4 국민대회는 친북좌익정권의 국가보안법 폐지 책동을 저지한 의거였다. 이 의거의 공로자를 죄인으로 몬 검사와 판사는 대한민국에서 활동할 자격이 없다. 우리는 진실과 헌법의 힘으로 애국을 탄압하고 반역을 감싸는 검사와 판사들을 반드시 응징할 것이다. 당신들은 역사의 심판을 받을 것이다.

※오늘(25일 · 火) 오전 11시 서울 프레스센터 20층에서 거짓 · 조작판결규탄 긴급기자회견이 있습니다.

2011.02.09

改憲으로 대한민국의 심장과 뇌수를 바꾸는 國體(국체)변경을 하겠다는 건가?

反헌법적─親北的 통일관을 가진 이재오 의원이 主導(주도)하는 改憲(개헌)은 권력구조와 영토조항에 손을 대 國體변경을 하려는 게 아닌가? 웰빙족과 從北(종북)분자들과 깽판꾼이 지배하는 국회가 改憲을 주도할 수 있나? 정체불명의 개헌논의를 즉각 중단하라!

　1. 李明博 대통령이 反(반)헌법적─친북적 통일관을 가진 한나라당 李在五(이재오) 의원이 주도하는 改憲논의를 지지하고 나온 데 대하여 우리는 심각한 걱정을 하지 않을 수 없다. 李대통령은 최근 좌담회에서 개헌 때 남북관계 조문도 손을 봐야 한다는 취지의 이야기를 하였다.

　2. 李在五 의원 등 한나라당 내 일부세력이 從北(종북)세력과 손을 잡고 권력구조와 헌법 제3조 영토조항이나 제4조 통일조항을 고치려 한다면 이는 國體변경을 획책하는 반역적 상황을 초래할 것이다. 애국세력의 저항운동으로 애국보수진영은 분열될 것이며 2012년에 從北세력이 재집권하는 길을 열어줄 것이다.

3. 이재오 의원은 1민족1국가1체제로의 평화적 자유통일을 규정한 대한민국 헌법을 부정하고 북한 연방제식 1민족1국가2체제 통일을 주장해 온 사람이고, 한반도 전체를 대한민국 영토로 규정한 헌법 제3조를 개정해야 한다는 입장을 가진 이다. 영토조항에 손을 대면 대한민국만이 한반도의 유일한 정통—合法(합법)국가라는 자격을 잃게 된다. 북한정권은 反국가단체가 아니라 主權(주권)국가가 되어 우리는 통일을 포기해야 한다. 대한민국 헌법의 심장과 뇌수에 해당하는 핵심조항을 존중하지 않는 인물이 정체불명, 목적불명, 국적불명의 개헌을 추진하고 있는 것은 국체변경을 위한 음모가 아닌지, 李대통령이 이용당하고 있는 게 아닌지 걱정된다.

4. 改憲의 내용도 목적도 밝히지 않고 국가의 구조를 바꾸는 改憲을 하겠다는 집권세력은, 국민을 뭘로 보는가? 대통령 중심제보다 웰빙족과 깽판꾼과 從北세력이 지배하는 국회중심제가 낫다는 보장이 있는가. 행정구조 개편이나 선거제도 改善은 헌법개정을 하지 않고 법률개정으로 가능하다. 왜 헌법개정의 이유로 삼는지 알 수 없다.

5. 改憲은 다수결이 아니다. 장기간의 논의과정을 거치면서 국민들의 압도적 동의를 얻어야 가능하다. 임기 2년을 남긴 대통령과 與黨(여당)이 安保(안보)도 제대로 챙기지 못하면서 改憲논의를 시작하면 國論(국론)분열, 保守(보수)분열, 國政(국정)혼란을 피할 수 없다. 대통령과 여당은 改憲논의를 중단하고 안보와 경제관리에 全力(전력)을 다하라!

백골부대(3사단)의 구호: "북괴군의 가슴팍에 총칼을 박자!"

우리는 각성된 국군의 決戰(결전)의지와 이를 뒷받침하는 국민들의 尙武(상무)정신을 환영한다. 정치권은 '한국의 르네상스'에 찬물을 끼얹지 말라!

1. 육군 백골부대(3사단)는 6 · 25 전쟁 때 낙동강 전선의 동쪽 안강 지역을 학도의용군과 함께 지켜냈다. 그해 10월1일 맨 처음 38선을 돌파, 북진한 부대이며(그래서 10월1일이 '국군의 날'로 되었다), 휴전 이후 단 한 번의 敵 침투도, 越北(월북)도 허용한 적이 없다. 1973년 북괴군이 도발하자 박정인 사단장의 지휘로 사단 포병이 敵의 진지를 초토화시켜 수십 명을 죽인 기록도 남겼다. 3사단 소속 장병으로 조국을 지키다가 戰死(전사)한 인원은 1만4672명이다. 이는 이라크전쟁에서 죽은 미군의 약 세 배이다.

2. 연평도 도발 이후 백골부대는 이런 구호를 외친다.

"멸북통일 최선봉 천하무적 백골사단/쳐부수자 북괴군, 때려잡자 김父子/김父子는 미친 개, 몽둥이가 약/剖棺斬屍(부관참시) 김일성, 능지처참 김정일 · 정은/북괴군의 가슴팍에 총칼을 박자."

3. 사단장은 滅北(멸북)의 대상을, '이른바 주체사상', '김씨 세습정권', '북괴군', '북괴의 지령을 받는 남한의 從北세력'으로 규정하였다.

4. 우리는, 정신이 번쩍 들게 만드는 백골부대의 이 구호가 천안함·연평도 도발 이후 각성되고 있는 국군의 決戰의지를 반영하는 것으로 보고 全軍으로 擴散(확산)되기를 기대한다. 20대 젊은이들의 해병대 지원율이 높아지고, "우리도 핵무장을 해야 한다"는 여론이 강해지는 등 국민들도 달라졌다. 정치권은 되지도 않을 改憲(개헌)이나 국민정신을 좀먹는 '공짜밥' 같은 걸로 치사하게 싸우지 말고 국민과 군대의 覺醒(각성)을 응원, 자유통일로 가는 길을 열어라! 언론은 백골부대 정신을 본받아 짐승만도 못한 700만 학살자를 김정일 '국방위원장', 김일성 '주석'이라고 부르는 反민족적 호칭을 즉각 집어치우라!

"김정일은 나쁜 놈, 편드는 자는 더 나쁜 놈. 대한민국은 좋은 나라, 미국은 영원한 친구"

※ '종북세력척결국민대회'가 오는 3월1일(화요일) 오후 2시 서울역 광장에서 대한민국재향군인회(회장 박세환) 주최로 열립니다.

中東민주혁명 지지 겸 北韓동포 봉기촉구 국민대회!

평양이 카이로처럼, 벵가지처럼 폭발하도록 만들자! 내일(2월24일 · 목) 오후 3시 서울 프레스센터 20층. 대한민국이 결심하면 김정일 정권 무너진다!

    1. 튀니지에선 23년 장기집권 독재자가, 이집트에선 30년 독재자가 민주혁명으로 물러났다. 리비아의 42년 독재자 카다피는 제2의 도시를 反정부 시위대에 넘겨주고, 이젠 수도까지 번진 시위로 종말을 눈앞에 두고 있다. 이란과 중국도 심상치 않다. 김정일과 친한 독재자들이 날아가고, 북한정권과 친한 나라들이 민중봉기에 직면한 것은 우리에게 절호의 기회이다.

    2. 우리는 평화적 시위로 독재자들을 타도하는 中東(중동) 사람들에게 지지를 보낸다. 아울러 북한동포들도 들고 일어날 수 있도록 정부, 국회, 정당, 국민들이 힘을 합쳐 지원할 것을 요청한다.

    3. 장기집권, 권력세습, 부정부패, 경제실패, 특히 젊은층의 失業(실업) 사태는 中東 혁명을 부른 요인이다. 이런 요인은 북한에선 더 심각하다. 이 기회에 國力(국력)이 북한의 100배나 되는 대한민국이 돈, 정보, 人權(인권)의식 등 우리의 영향력을 총동원해 北으로 쏟아붓고, 동포들의 봉기를 지원하면 김정일 정권은 반드시 무너진다.

    4. 국회는, 북한동포들에게 총을 겨누거나 발포하는 자는 통일 이후에

도 공소시효에 관계 없이 처단할 것임을 결의하라! 정부는 천안함 爆沈(폭침)과 연평도 포격을 지령한 자들을 전쟁범죄자로 국제형사재판소에 고발하라! 김정은이 민주적 선거를 통하여 뽑힌 지도자가 아니므로 앞으로 그를 상대하지 않겠다는 선언을 하라!

5. 북한에는 대한민국의 영향력을 받아 확산시켜줄 市場(시장)세력이 존재한다. 이들을 민주革命(혁명)세력으로 키우기 위한 物心(물심)양면의 지원을 아끼지 말자! 풍선을 보내고, 라디오도 보내고, CD도 보내고, 中東 시위 소식도 보내자. 무엇보다도 '김정일—김정은 체제의 타도'가 가능하다는 희망과 확신을 심어주자!

6. 김정일과 운명적으로 엮여버린 남한 내 從北(종북)반역세력이 떨고 있다. 자신들이 남긴 글과 말과 행적이 무덤까지 따라와 괴롭힐 것임을 잘 알기 때문이다. 최후를 예감하고 단말마의 비명을 지르는 이 역사의 쓰레기들을 김정일과 함께 청소하자!

7. 기회는 왔다. 우리가 결심하고 행동하면 북한동포들이 일어나 김정일을 끝장낸다! 북한군이 인민들을 향하여 방아쇠를 당기지 못하게 될 때 정권은 무너진다! 우리가 가진 모든 자원을 동원해 평양이 카이로처럼, 벵가지처럼 폭발하도록 만들자! 카이로에서 평양은 멀지만 서울을 경유하면 가깝다. 김정일의 최후, 從北쓰레기들의 종말이 다가오고 있다! 벼랑에 선 저들을 밀어버리자!

흥신소보다 못한 건 國情院(국정원)이 아니라 언론과 정치권이다!

언론과 정치인은 _國益自害(국익자해) 행위를 중단하라!_ 임동원의 국정원이 불법자금 수억 달러를 김정일의 비자금으로 보낸 것이 밝혀졌을 땐 왜 침묵했는가? 한국의 _主權(주권)_ 이 미치는 영토에서 국가정보기관이 외국인을 상대로 정보수집하는 게 무슨 _大逆罪_ 라도 되는가?

1. 정치권과 언론의 국정원 때리기, 정도가 지나치다. 한국의 언론은 임동원의 국정원이 不法(불법)자금 수억 달러를 김정일의 비자금 계좌로 보낸 게 들통 났을 때는 침묵했었다. 김만복의 국정원이 좌익들에게 아부하기 위하여 과거사를 재조사한다면서, 김대중 납치, 김형욱 실종 사건 등과 관련된 해외공작 과정을 스스로 폭로, 나라 망신을 시키고 국제적 웃음거리가 되었을 때도 비판 한마디 하지 않던 언론이다. 그런 언론이 국정원의 최근 對外(대외)첩보활동에 대해 이렇게 집요하게 공격하는 것은 이해할 수 없다. 善意(선의)의 실수를 두들기고 악질적 반역은 덮어주는 언론에 무슨 正義(정의)가 있단 말인가. 自國民(자국민)을 상대로 한 정보기관의 不法행위는 비판받아야 하나, 외국을 상대로 한 첩보工作(공작)은 국가정보기관의 의무이다. 言論(언론)의 자유와 國益(국익) 사이에서 균형점을 찾아라. 흥신소보다 못한 것은 국정원이 아니라 國益自害 행위를 서슴지 않는 언론이다.

2. 이스라엘 언론은 核(핵)비밀을 폭로한 과학자를 모사드가 납치해 와

재판에 넘겼을 때 '암살당하지 않은 것만 해도 고마운 줄 알아라'는 식으로 보도하였다. 모사드가 테러분자들을 암살한다고 이스라엘 언론이 비판한 적이 없다. 1970년대 미국 측이 박정희 대통령의 집무실을 도청한 사실이 폭로되었지만 미국 언론은 CIA 부장을 물러나라고 요구한 적이 없다.

3. 한국의 主權(주권)이 미치는 영토에서 국가정보기관이 외국인을 상대로 정보수집하는 게 무슨 大逆罪(대역죄)라도 되는가? 더구나 당사국인 인도네시아 정부가 "우리는 피해를 본 것이 없다"고 하고 "침입자는 실수로 들어온 투숙객이었다"고 해명했다. 인도네시아가 국정원 소행이 아니라고 발표했는데 한국 정부가 국정원장을 문책, 인도네시아를 바보로 만들면 이야말로 국제문제가 될 것이다.

4. 국가정보기관장인 국정원장은 해외 공작에 대하여는 시인도, 부인도, 사과도 할 수 없다. 국가가 간첩을 보냈다고 사과한 경우를 보았는가? 국정원이 천안함 爆沈(폭침) 지령자를 암살하였다면 한국 언론은 국정원을 살인죄로 규탄할 작정인가? 이런 언론이라면 安重根(안중근) 의사의 이토 히로부미 사살도 살인행위라고 트집을 잡을 것 아닌가?

5. 더 한심한 것은 여당이다. 애국세력에 대한 최소한의 의리도 저버리고 오로지 좌익세력 눈치만 보아온 한나라당이, 유독 화를 내는 배경은 무엇인가? 反헌법적 從北(종북)세력의 척결을 위해 노력해 온 원장을 쫓아내 김정일로부터 귀여움을 받겠다는 건가. 아니면 좌편향 국정원장을 뽑으려는 또 다른 음모가 있는가?

6. 그만하면 충분하다. 언론과 정치권은 자기 집에 불을 질러 놓고 박수치는 모습을 이쯤에서 끝내라. 나라 망신시키는 건 국정원이 아니라 당신들이다. 집안의 恥部(치부)를 온 세상에 까발리는 데서 쾌감을 느끼지 말고 中東(중동) 민주화 혁명의 바람을 北으로 들여보내는 일에서 즐거움을 찾아라! 국정원은 心機一轉(심기일전), '북한노동당 정권을 해체, 자유통

일하라'는 헌법의 명령을 집행하라!

6자회담을 깨고, NPT를 탈퇴, 核무장을 선언하라!

有核無患(유핵무환), 無核無國(무핵무국): 核을 가지면 근심이 없어지고, 核이 없으면 나라가 없어진다!

1. 절대무기인 核은 核으로써만 없앨 수 있다. 정부는 국제 사기판인 6자회담을 깨고 NPT(핵확산금지조약)에서 탈퇴, 핵무장을 선언하라!

2. 미국이 제공한다는 '核우산'은 믿을 수 없다. 北의 核무장을 막지 못한 핵우산은 이미 찢어진 우산이다. 서울이 핵공격을 당하였을 때 미국이 평양이나 北京(북경)을 핵공격할 것인가? 그리하여 뉴욕 상공에 中-北의 핵폭탄이 터지는 것을 감수할 것인가? 서울을 지키기 위하여 뉴욕을 희생시킬 것인가?

3. 敵(적)이 핵무장을 하였는데 대응 핵무장을 해야 한다는 말이 나오지 않는 세계에서 유일한 나라가 대한민국이다. 安保(안보)를 미국에 맡겨놓고 웰빙에 집착하는 공짜심리, 사대주의, 노예근성을 버리고 책임 있는 국민으로 거듭 태어나야 선진국을 만들 수 있다. 核이 國格(국격)이다.

4. 한국이 핵무장을 하면 경제제재를 당할 것이란 주장은 근거 없다. 이

스라엘, 인도, 파키스탄은 핵무장을 하였지만 제재를 당하지 않았을 뿐 아니라 미국의 경제지원을 받고 있다(이스라엘엔 매년 30억 달러, 파키스탄엔 매년 15억 달러의 무상지원. 인도의 최대 투자국은 미국). 한국처럼 거대한 경제력과 군사력, 그리고 전략적 가치를 지닌 나라에 대한 경제제재는 불가능하다! 미국도 '우호적 반대' 이상은 할 수 없다. 우리에게 미국이 필요한 만큼 미국엔 우리가 필요하다!

5. 세계 제5위의 원자력 大國인 한국은 국가 지도부가 결심만 하면 2년 안에 수백 개의 고성능 핵폭탄을 핵실험 없이 만들어 北의 핵폭탄을 장난감 수준으로 격하시킬 수 있다. 미국도 한국의 핵개발을 내심 바라고 있다는 암시가 계속 나오고 있다(부시 및 럼스펠드 회고록). 2015년 韓美연합사 해체 전에 核무장을 해야 한다.

6. 여론도 압도적으로 '自衛的(자위적) 핵무장'을 지지한다. 국민들은, 핵무장을 공약하는 정당과 대통령 후보들을 지지할 것이다. 한국의 핵무장은 북한정권과 從北(종북)세력을 같이 벨 수 있는, 애국세력만 휘두를 수 있는 '양날의 칼'이다.

7. 汎국민핵무장운동으로 세계를 향하여 우리의 결연한 의지를 보여주자! 자유와 번영을 核으로 지키자! 有核無患, 無核無國: 核을 가지면 근심이 없어지고, 核이 없으면 나라가 없어진다. 核무장으로 국민의 정신건강을 되찾자!

대통령 후보와 정당은, 北核(북핵)을 無力化(무력화)시킬 자위적-평화적-합법적 핵개발을 공약하라! 노예근성과 식민지 체질과 사대주의를 극복하고 우리도 核무장하여 一流(일류)국가를 만들자! 전국 순회 핵무장 촉구 강연회를 시작합니다! 강연을 원하는 곳이면 전국 어디나 찾아갑니다(연락처:02-527-4515~6).

'이익共有制'가 아니라 '利益수탈제'이다!

超過(초과)이윤을 共有하겠다면 초과손실도 共有해야 하는 것 아닌가? 대기업에 대한 계급적 敵對感(적대감)을 깔고서 펴는 정책은 정의롭게 보일지는 모르지만 써 보면 毒(독)이다.

1. 정운찬씨가 주장하는 '이익共有制(공유제)'에서 가장 궁금한 것은 '超過이윤'의 기준이 무엇인가이다. 장사를 너무 잘하면 '초과'한 것이니 벌금을 내야 하나?

2. 초과이윤을 서로 나눈다면 초과손실도 나눠야 한다. 대기업이 큰 손실을 당하였을 때 납품업체에도 나눠서 부담시켜야 논리적이다. 이렇게 한다면 民亂(민란)이 일어나지 않을까? 초과이윤만 나누겠다면 이는 利益(이익)공유제가 아니라 利益수탈제이다. 共有란 말 속엔 유리한 것도 불리한 것도 공평하게 나눠 가진다는 뜻이 본래적으로 포함되어 있다. 불리한 것은 배척하고 유리한 것만 갖겠다는 건 '공유'가 아니라 '수탈'이다. '내 것은 내 것이고, 네 것도 내 것'이란 이야기이다. 이를 共有라고 이름붙인 데서 일종의 사기성마저 느껴진다. 富者(부자)나 대기업이 남긴 이익이므로 그런 식으로 수탈해도 좋다고 생각한다면 이는 계급투쟁적 사고방식으로서 '공산주의적 발상'으로 볼 수 있다.

3. "기업들이 물건 값을 낮추기 위해 납품단가를 후려치고, 그 결과 (삼성전자처럼) 영업이익이 애초 계획한 10조 원이 아니라 17조 원이 나오는

것"이란 鄭씨의 발언은 너무 과장되고 선동적이다. 기업의 이익은 기술개발, 원가절감 등 여러 요인의 종합적 결과인데, 중소기업을 수탈한 결과라고 단정한 것은 비논리적이다.

4. '강제가 아니다'고 했는데, 그렇다면 왜 '이익共有制'라고 作名(작명)했을까? '제도'는 법률적 근거를 가져야 한다. 〈이를 잘 실천하는 대기업에 稅制(세제) 혜택이나 공공기관 발주사업에 우선권을 주는 등 인센티브를 부여해 참여를 유도하겠다〉는 것은 사실상 강제이다.

5. 중소기업이 대기업으로부터 억울한 대우를 받는다면, 이는 인간사회의 常識(상식)과 信義(신의), 그리고 자유민주적인 기본가치를 손상하지 않는 방법으로 해결해야 한다. 대기업에 대한 계급적 敵對感을 깔고서 펴는 정책은 정의롭게 보일지는 모르지만 써 보면 毒이다.

※核무장 촉구 대전 국민대회'가 오는 3월29일(火) 오후 2시 대전시립연정국악원(舊시민회관, 중구 문화동 1-131)에서 열립니다!

우리는 언제까지 '살찐 돼지'처럼 살 것인가?

민주당과 민노당은 답하라! 1년이 지난 지금도 천안함 爆沈(폭침)은 北의 소행이 아니라는 게 黨論(당론)인가? 바보집단인가, 반역집단인가?

1. 민주당과 민노당은 從北(종북)쓰레기들과 함께 미국산 쇠고기가 인간광우병 위험물질이라고 선동하고, 천안함 폭침은 북한정권의 소행이 아니라고 억지를 부리고, 연평도 포격은 李明博(이명박) 정부가 自招(자초)한 것이라고 책임을 轉嫁(전가)하였다. 지구상에서 가장 흉악한 敵(적)을 이렇게 편들고도 뻔뻔스럽게 정치를 계속하도록 방치하는 국가와 국민, 특히 집권세력은 1인당 국민소득이 10만 달러가 되어도 '야윈 늑대'에 잡혀 먹히는 '살찐 돼지' 신세가 될 것이다.

2. 1년 사이에 두 차례(천안함 폭침과 연평도 포격)나 치욕을 당하고도 보복도 응징도 못 하는 無力(무력)한 나라, 학살집단에 57명의 自國民(금강산 관광객 사살 1명, 임진강 水攻 6명, 천안함 폭침 46명, 연평도 포격 4명)을 희생시키고도 분노할 줄 모르는 정치인, 법조인, 언론인, 지식인들! 국방파괴자를 꼬박 꼬박 '국방위원장'이라고 불러주는, 헌법도 모르는 노예근성의 기자들! 나라는 착한 사람이 없어서가 아니라 惡黨(악당)을 응징하는 '勇者(용자)'가 없을 때 망한다!

3. 북한정권은 또 도발할 것이다. 從北세력은 이에 호응, "전쟁이냐, 평화냐"란 협박으로 2012년에 또 다시 정권을 잡으려 할 것이다. 우리가 살려면, '自衛的(자위적) 핵무장'으로 남한의 從北者(종북자)들과 북한의 핵

무기를 동시에 제거하는 길밖에 없다. 한반도는 '내가 살려면 네가 죽어야 하고, 네가 살려면 내가 죽어야 하는' 生死(생사)의 決戰場(결전장)임을 直視(직시)하고 행동하자!

　4. 다 같이 외쳐보자! "김정일은 나쁜 놈, 편드는 자는 더 나쁜 놈, 대한민국 좋은 나라, 미국은 영원한 친구"(국민행동본부 구호), "북괴군의 가슴팍에 총칼을 박자"(3사단 구호)

※ '천안함 복수다짐 · 核무장 촉구 대전 국민대회'가 오는 3월29일(火) 오후 2시 대전시립연정국악원(舊시민회관, 중구 문화동 1-131)에서 열립니다!

2011.03.24/03.29

천안함 寃魂(원혼)들이 통곡한다!
李明博 대통령은 경찰청장을 파면하라!

천안함 1주년이 되는 날, 낫 들고 포크레인 몰고 나와 "천안함 폭침은 조작"이라 외치며 對北풍선을 막은 폭도들과 이들의 행패를 방조한 경찰을 고발한다!

　1. 민족반역자 김정일의 지령으로 천안함이 폭침되어 46명의 용사들이 죽은 지 1주년이 되는 지난 26일, 강원도 철원에선 폭도들이 경찰의 방조 아래, 애국세력을 탄압, 조국을 욕보이는 사건이 일어났다.

2. 국민행동본부는 천안함 폭침범 김정일 정권을 응징하기 위하여 對北풍선을 날리려고 철원으로 가던 중 포크레인과 트럭을 몰고 나와 길을 가로막고 폭력을 행사하는 일단의 괴한들(주민이라 자칭)로부터 습격을 받았다. 이들은 낫을 들고, 여성회원들을 희롱하고, 풍선을 탈취하고, "천안함 폭침은 정부의 조작", "풍선 보내는 곳을 북한군이 공격한다"고 외치며 對北풍선을 보내지 못하도록 방해하였다.

3. 출동한 경찰은 폭도화한 이들의 행패를 구경만 할 뿐 연행하지도 저지하지도 않아 결국 풍선 보내기는 좌절되었다. 경찰은, 국민의 기본권(표현의 자유)을 침해하고, 對北응징을 막아, 敵(적)에 유리한 짓을 한 괴한들의 犯法(범법)행위를 방치함으로써 결과적으로 애국자 탄압의 共犯(공범)이 된 것이다.

4. 다음에 북괴군이 서울을 포격하였을 때 우리가 보복하려 하면 이런 괴한들은 군 부대로 몰려가 對北응징을 막으려 할 것이고, 그때도 경찰이

구경만 하면 대한민국은 망하게 되어 있다. 지난 18일 철원 지역 군부대장은 '오늘 전단지 살포에 따라 적의 포격도발 가능성이 농후하니 농민들은 (민통선 내에서) 철수하라'는 전단을 돌리기도 했다. 敵이 또 도발하면 이번엔 김정일을 죽이겠다고 나서야 할 軍이 敵의 공갈에 넘어가 전전긍긍하는 허약한 모습을 보였다. 나타나지도 않는 敵에 겁을 먹는다면 敵이 나타났을 때 어떻게 싸우겠다는 건가?

5. 우리는 불법폭력을 행사한 일단의 괴한들과 이들을 감싸고 돈 경찰관들을 형사고발할 것이다. 李明博(이명박) 정부가 사주한 일이 아니라면 경찰청장을 파면하라! 從北(종북)폭도들의 對北풍선 방해행위도 응징하지 못하는 정부가 북괴의 도발을 어떻게 막겠다는 건가? 천안함 冤魂들이 통곡한다!

6. 우리는 어떤 탄압에도 굴하지 않고 김정일 정권 응징 공중어뢰(對北풍선)를 계속 발사할 것이다. 김정일이 망할 때까지!

※ '천안함 복수다짐 · 核무장 촉구 대전 국민대회'가 오늘(3월29일 · 火) 오후 2시 대전시립연정국악원(舊시민회관, 중구 문화동 1–131)에서 열립니다!

軍은 敵의 공갈에 호응, 北의 對南심리전을 代行하겠다는 건가? 이것이 46명의 戰友(전우)를 敵에게 살해당한 국군의 본모습인가?

대한민국의 자유민주적 기본 질서를 지키기 위해 투쟁해 온 저희 국민행동본부는 지난 26일 對北(대북)전단 살포 중단 건과 관련, 장관님께 아래의 사항을 공개질의합니다.

장관님께서도 언론 보도를 통해 확인하셨겠지만, 민족 반역자 김정일의 지령으로 천안함이 폭침돼 46명의 용사들이 죽은 지 1주년이 되는 지난 26일, 강원도 철원에서 폭도들이 애국세력을 탄압해 조국을 욕보인 사건이 일어났습니다.

국민행동본부 등 애국단체 소속 회원들이 천안함 폭침범 김정일 정권을 응징하기 위하여 對北풍선을 날리려 철원 백마고지로 가던 중 포크레인과 트럭을 몰고 나와 길을 가로막고 폭력을 행사하는 일단의 괴한들(주민이라 자칭)로부터 습격을 받았습니다.

폭도들은 낫을 든 채 여성회원들을 희롱하고, 풍선을 탈취하며, "천안함 폭침은 정부의 조작", "풍선 보내는 곳을 북한군이 공격한다"고 외치며 對北풍선을 보내지 못하도록 방해했습니다.

출동한 경찰은 폭도화한 이들의 행패를 구경만 할 뿐 연행하지도 저지하지도 않아 결국 풍선 보내기는 좌절됐습니다.

더욱 놀라운 것은 軍(군)이었습니다. 해당 지역 모 부대장은 지난 18일

'민간단체 전단지 살포로 GOP 지역 내에 언제든지 적의 포격도발 가능성이 농후하여 민간인들은 오전 10시까지 철수하라!'며 '10시까지 철수하지 않을 경우 어떠한 피해 발생이 있더라도 군부대 내에서 책임을 지지 않습니다'는 안내문을 지역에 뿌렸습니다. 북한의 공갈에 겁먹은 무책임한 公文(공문)으로 對北심리전은커녕 김정일의 對南(대남)심리전을 대신해 준 것입니다.

북한이 공갈칠 때마다 군부대가 "철수하라", "피해발생이 있어도 책임 지지 않겠다"는 公文을 뿌리면, 지역민들은 必死的(필사적)으로 對北전단 살포를 저지할 것입니다. 對北전단 날리기 같은 평화적이고 초보적인 심리전도 저지된다면 응징이나 보복은커녕 북한을 자극할 수 있는 어떠한 수단도 쓸 수 없게 됩니다. 결국 한국이 선택할 수 있는 카드는 도망치는 것뿐입니다. 어느 순간 북한의 소형화된 핵미사일 앞에 인질이 되어버릴지 모릅니다. 북한 해방은 고사하고 나라도 지키지 못하는 참담한 상황이 오는 것입니다.

軍이 아니라 여고생이 쓴 것 같은 안내문을 보며 많은 국민들은 이렇게 생각합니다. '이것은 국방부의 공식적 의견인가? 아니면 부대장 개인의 생각인가? 햇볕정책 10년을 지내며 우리의 정신은 이렇게 바뀌어버린 것인가?'

친애하는 김관진 장관님, 26일 對北전단 날리기는 김정일에게 살해당한 46명 천안함 용사의 혼을 달래기 위한 살아남은 자들의 예의였습니다. 노예로 전락한 북한 주민의 해방과 폭증하는 북한의 核(핵)공갈 앞에 선 남한 국민을 지키기 위한 최소한의 노력이었습니다. 민간단체가 군을 대신해 이 고귀한 사명을 실천하려 나섰는데 돕지는 못할망정 방해하다니요? 이것이 46명의 戰友를 적에게 살해당한 국군의 본모습입니까?

친애하는 김관진 장관님. 부탁드리오니 26일 이 황당한 사건의 진상을 파악해 주시고 軍이 국가안보를 위한 干城(간성)으로 거듭날 수 있기를 부탁드립니다. 감사합니다.

"우리는 헌법의 명령을 받들어 對北풍선을 날린다"

從北(종북)폭도, 군인들의 방해와 싸우면서 자유풍선단은 360만 장의 對北전단과 1달러 지폐 2000장을 北으로 보냈다!

1. 권유미 자유풍선팀장의 보고: 국민행동본부 산하 자유풍선단(퇴역 여군들이 조직)은 지난 3월26일 천안함 폭침범 김정일을 응징하기 위한 對北풍선을 날리려고 철원으로 가던 중 포크레인과 트럭을 몰고 나와 길을 가로막고 폭력을 행사하는 일단의 괴한들(주민이라 자칭)로부터 습격을 받았다. 이들은 낫을 들고, 우리 여성회원들을 희롱하고, 풍선을 탈취하고, "천안함 폭침은 정부의 조작"이라고 외치며 풍선 보내기를 방해하였다. 출동한 경찰은 이들의 행패를 구경만 할 뿐 우리를 지켜주지 않았다.

2. 4월6일 오후 우리 자유풍선단은 아무한테도 알리지 않고, 경기도 연천으로 가서 풍선에 바람을 넣고 3개를 날렸다. 잠시 후 ○○사단의 軍 정보관이라는 소령이 부하들을 데리고 와서 "날리면 안 된다"고 제지하였다. 트럭에서 내린 30여 명의 병사들이 총을 겨누며 우리를 포위하는 것이 아닌가?

"우리가 빨갱이라도 되느냐"고 항의하자 총부리를 거두기는 했지만, 참으로 통탄스러운 일이 아닐 수 없었다. 軍의 저지로 가져간 풍선 10개 중 3개(18만 장)만 날리고 그곳에서 철수, 밤중의 임진강 다리 밑에서 풍선 7개(42만 장)를 다 날렸다. 작업을 마치니 밤 11시가 넘었다. 새벽 1시에 서울에 돌아왔다.

3. 4월14일! 태어난 것이 민족의 재앙인 반역자 김일성의 생일을 하루 앞두고 진실을 담은 자유의 풍선을 날리기 위해 새벽 5시에 눈을 떴다. 먼저 風向(풍향)을 확인하고 군복으로 갈아입었다. 천안함 戰死者(전사자) 46명의 寃魂(원혼)을 달래주기 위해 50개의 풍선을 준비하였다.

목적지 연천에 도착한 시간은 12시50분경. 바람이 남동풍이라 풍선은 시원하게 북으로 날아갔다. 1달러 지폐 2000장을 나눠 담았다. 이때 또 다시 헌병 완장을 찬 군인들이 몰려왔다. 예비역 대령인 서정갑 본부장께 다가와 기본적인 軍 예절도 없이 다짜고짜 "누구의 허락을 받고 날리느냐"며 막으려는 게 아닌가. 그들은, '상관'의 명령이라며 막무가내였다. 그들의 상관이, "GOP 밖에서 날리는 풍선은 막지 않겠다"고 한 김관진 국방부장관보다 더 높은 사람인지 궁금하였다.

徐貞甲 본부장은 "자유와 평화를 보장하는 대한민국 헌법의 명령을 받들어 풍선을 날리는 것이니 당장 물러가라"고 호통을 쳐 군인들을 물리고 준비해 간 50개(300만 장)의 풍선을 모두 날렸다. 맞다! 우리는 북한노동당 정권을 해체하고 자유통일하라는 헌법의 명령으로 풍선을 날리는 것이다. 마지막 풍선을 날리기 전 단체사진을 찍을 때는 가슴이 벅차올랐다. 풍선 날리기에 도움을 주신 분들께 감사를 드리며, 북한동포 해방을 위한 우리의 투쟁은 계속될 것임을 약속합니다.

※오는 4월28일(목) 오후 2시 서울 프레스센터 20층에서 열리는 '국민행동본부

2011.04.26

정부가 公認(공인)한 '총성없는 쿠데타'! 고등학생들이 '붉은 교과서'를 배우고 있습니다!

李明博 · 한나라당 정권이, 親北(친북)좌익적 관점에서 쓰인 '고등학교 한국사 교과서'를 '교과부 검정'으로 公認(공인), 올해부터 학생들이 극단적으로 좌편향된 현대사 교육을 받고 있습니다. 내년부터는 '필수' 과목이 됩니다! 정부가, 학생들에게 '정신적 독극물'을 강제 투약하겠다는 겁니다.

1. 6종의 '교과부 검정' 교과서를 분석하니, 從北(종북)세력이 주장해 온 '反국가적−反헌법적−反사실적−反역사적 내용' 투성이였습니다. 일관되게 대한민국 건설세력을 비방하고, 종북세력을 편들고, 북한정권을 감싸는 記述(기술)입니다. 좌파정권 시절보다 더 좌편향된, 대한민국이 赤化(적화)된 이후에나 나올 수 있는 내용입니다. 교과서 筆陣(필진)에는 전교조 교사들이 대거 참여하였습니다.

2. 미래엔컬처그룹과 천재교육이 발간한 두 교과서는 대한민국 정부에 대하여 21회에 걸쳐 '독재'라고 표현하였으나, 북한정권을 '독재'라고 쓴 횟수는 5회에 불과했습니다. 祖國(조국)엔 가장 엄격한 기준을 들이대어 폄

하하고, 반역집단엔 가장 너그러운 기준을 적용, 비호합니다.

3. 천재교육 교과서는 공산당의 '10월 폭동'을 '10월 봉기', '농민 저항 운동'이라고 설명, 학생들에게 학살과 반역을 잘한 일인 것처럼 가르칩니다. 고도성장의 출발점이 된 5·16에 대하여는 제목으로 "군사독재가 시작되다"고 욕하면서 북한에 대하여는 "개방에 나서다"고 터무니없는 선전을 해줍니다.

4. 세 교과서는, 北의 대표적인 도발인 '1·21 청와대 습격사건', '푸에블로호 납치 사건', '美 EC-121機 피격사건', '8·15 사건(陸英修 여사 피살 사건)', '아웅산 폭탄 테러', 'KAL기 폭파', '천안함 爆沈(폭침)' 등 7大 사건을 교과서 本文(본문)에서 단 한 건도 다루지 않았습니다. 천재교육 교과서는, 北核(북핵)문제를 다루면서 핵실험 사실을 생략하고, 미국의 경제봉쇄 정책 때문에 북한주민들이 굶어죽었다는 식으로 왜곡하였습니다.

5. 두 교과서는, 국군의 '대량학살'이 인민군 치하의 보복을 부른 원인이라고 사실을 조작하고, 북한군이 남한지역에서 저지른 10만 명이 넘는 양민 학살을 '인민재판을 하였다'고 넘어갔습니다.

6. 미래엔컬처그룹 발행 교과서는, 문익환과 임수경이 不法入北(불법입북), 反국가적 활동을 한 행위를 처벌한 盧泰愚(노태우) 정부를 '탄압'이라 비방하면서, 北의 對南(대남)공작에 협조한 윤이상과 이응로의 反국가적 활동을 '평화 통일운동'이라 가르칩니다. 이렇게 배운 여러분의 자녀들이 반역자가 되지 않도록 하려면 지금 행동에 나서야 합니다.

7. 검찰은 '반역적 교과서'의 집필, 검정 과정을 수사하고, 국회는 國政(국정)감사를 하고, 대통령은 즉시 '붉은 교육'을 중단시켜야 합니다. 國史(국사) 교과서는 헌법정신 및 국가정체성과 일치하여야 합니다. 우리는, 고위 公職者(공직자)들이 친북좌익 세력과 야합, '반역적 역사관'을 公認해줌으로써 미래 한국의 주인공들로부터 정의감과 애국심과 분별력을 빼앗

아 가도록 한 사태를 '赤化(적화)로 가는 쿠데타'로 규정, 李明博 대통령과 한나라당을 상대로 국민저항권 차원의 투쟁을 전개할 것임을 다짐합니다.

※청와대(02-730-5800)와 교과부 장관(02-2100-6001)에게 전화합시다.
※오는 4월28일(목) 오후 2시 서울 프레스센터 20층에서 '고등학교 한국사 교과서' 분석 보고회가 열립니다. 연사 : 조갑제 기자, 장진성 탈북시인, 이계성 前 교장, 양영태 前 대통령주치의

祖國(조국)을 태어나선 안 될 私生兒(사생아)로 그린 교과서!

한나라당 국회의원 172명은 正義(정의)불감증 환자들인가? '대한민국 建國(건국)'이란 표현을 모든 韓國史 교과서에서 지우도록 지령한 자는 누구인가?

  1. 미국은 9·11 테러범 빈 라덴을 10년간 추적해서 죽이는데, 한국의 고등학교 국사 교과서는 북의 對南(대남)도발과 테러를 고의로 가르치지 않고, 언론은 테러범 김정일에게 '국방위원장'이란 존칭을 쓴다. 安重根(안중근) 의사가 이토 히로부미를 죽인 게 正義이듯이 김정일 처단도 正義이다.
  2. 교과부가 검정에서 통과시켜준 고등학교 한국사 교과서 6種(종)은

일제히 '대한민국 건국'이란 말을 쓰지 않았다. '대한민국 정부 수립, 북한 정부 수립'이라고 표현, 한반도의 유일 합법국가를 反국가단체인 북한 수준으로 格下(격하)하고 건국 과정을 부정적으로 기술, '태어나선 안 될 정권'이었다는 인상을 강하게 심고 있다. 대한민국의 姓(성)을 간 것이다. 검찰은 '대한민국 건국'이란 표현을 지우게 하여 국가정통성을 부정하고, 敵(적)을 이롭게 한 공무원을 색출, 처벌해야 할 것이다.

3. 고등학교 한국사 교과서의 반역성 문제에 대하여 한나라당은 두 달이 지나도록 아무런 반응을 보이지 않았다. 성명서 한 장도 나오지 않았다. 국회에서도 거론하지 않았다. 장관을 불러 따지지도 않았다. 한나라당 소속 의원은 국회정원 299명 중 172명인데, 단 한 사람도 교과서 문제를 의미 있게 입에 올리지 않았다. 그 흔한 트위터나 블로그에도 글을 쓰지 않았다. 이는 기적이다.

4. 국가정통성과 정체성이 훼손되는 것을 방관한 172명의 국회의원들은 헌법을 배신, 정치적 집단자살을 선택한 셈이다. 김정일이 南侵(남침), 서울을 포위하면 이들이 가장 먼저, 아마도 從北(종북)세력보다 먼저 투항할 것이다. 이런 한나라당 의원의 배신과 천안함 폭침이 북한 소행이 아니라고 우기는 민주―민노당 의원의 반역 사이에 도덕성의 차이가 있는가.

5. 전교조 교사와 좌경 교수 등이 쓴 '반역적 교과서'로 배운 학생들이 해마다 70만 명씩 배출된다. 10년이면 700만 명. 교과서를 토대로 공무원 임용 시험 문제를 내면 대한민국 건국을 부정하고, 국군을 학살집단으로 보고, 김일성 김정일과 從北세력을 좋아하는 자들이 합격될 것이다. 교과부는, 불온문서 같은 붉은 교과서로 학생들과 공무원들을 반역자로 양성하려는 음모의 主犯(주범)이 아니라면 결백을 증명하라! 붉은 교과서의 사용을 즉시 중단시켜라! 대한민국이 아직 망하지 않았는데, 어떻게 이런 해괴한 짓이 벌어지는가?

부산저축은행 부정 사건의 핵심은 '특정고교 출신'이 아니라 '광주일고 출신'이다!

언론은 피해자인 부산서민들을 속이지 말라! 검찰은 政官界(정관계) 및 언론 로비도 수사, 이 사건이 지역감정으로 飛火(비화)되지 않도록, 진상을 철저히 밝혀내야 한다.

　1. '영포회'를 地緣(지연) 공무원 사조직이라고 그렇게 비난하던 언론은 왜 '광주일고'를 '특정고교'라고 비호하나? 광주일고 출신들이 부산저축은행을 장악해 부산서민들의 돈을 끌어 모아 임직원 친지 및 가족들에게 7000억 원을 대출, 6000억 원을 날리고, 이익을 낼 수 없는 호남지역의 사업에 집중 투자했는지 철저히 취재하고, 조사하라. 검찰은, 政官界뿐 아니라 언론 로비도 수사하라! 지역차별과 지역비호는 다 나쁘다.

　2. 부산저축은행 박연호(61) 회장과 김양(59) 부회장, 김민영(65) 부산2저축은행장은 모두 광주일고 선후배 사이다. 금융감독원(옛 증권감독원) 출신인 문평기(63) 부산2저축은행 감사는 박 회장의 고교 2년 선배다. 부산저축은행의 자금 조달에 참여한 KTB 자산운용 장인환(52) 사장 역시 광주일고 출신이라고 한다(중앙일보).

　3. 박연호 회장은 금융당국의 검사를 받게 되자 검찰 고발에 대비해 130억 원대 차명 주식을 처분하면서 고교동문에게 사례비로 44억5000만 원을 줬다고 한다(연합뉴스).

　4. 부산저축은행이, 광주일고 출신 김양 부회장 등 임직원 170여 명의 지

인과 친인척 앞으로 대출한 돈은 모두 7340억 원에 이른다고 보도한 KBS
는, 〈임직원들의 부모형제는 물론 처남댁, 매제, 처제 등 사돈의 팔촌에까
지 빌려준 6400억 원의 대출금은 회수 여부가 불투명하다〉고 보도했다.

　5. 대검찰청 중앙수사부는 부산저축은행그룹이 전남 신안군 개발사업
에 3000억 원대 불법대출을 하면서 거액의 비자금을 조성해 인허가 권한
이 있는 지자체 공무원 등에게 뇌물을 제공한 정황을 포착하고 사실관계
를 확인 중인 것으로 알려졌다고 연합뉴스가 보도했다.

　6. 시사저널은 영업정지 직전에 호우(호남향우회)장학회가 예금 5억 원
을 인출해 간 데는 광주일고 출신 전무의 역할이 있는 것 같다는 의혹을 제
기했다.

　7. 사건의 본질은, 광주일고 출신들이 부산저축은행의 경영권을 장악
해 부정을 서로 눈감아 주고, 부산 서민들의 예금을 모아, 임직원들의 知
人(지인)과 친척 및 호남지역에 부실대출, 부실투자를 하여 천문학적인 금
액을 날린 '地緣 · 學緣(학연) 부패'이다. MBC 등 대다수 언론은 '광주일고'
라고 明記(명기)하지 않고 '특정고교'라고 보도, 사건의 본질을 흐리고 있
으며, 부산의 명문고인 부산고 및 경남고에 의혹이 쏠리도록 誤導(오도)하
고 있다. 인터넷에서 '광주일고의 부산 습격 사건'이라고까지 표현되는 이
사건의 피해자는 부산지역 서민들이고 가해자는 부정을 저지른 광주일고
출신 경영자들이다. 정부와 언론 및 국회는 이 사건이 지역감정으로 飛火
되지 않도록, 진상을 철저히 밝혀내야 한다. 진실만이 부산사람들을 설득
할 수 있고 國論(국론) 분열을 막을 것이다.

태극기를 밟고 선 이 여인은 누구인가요?
'대한민국 國旗(국기)'를 괴롭히고 금지시킨
'反태극기' 세력을 역사의 무대에서 영구추방해야
합니다!

친북좌파 정권이, 한반도기를 앞세워 태극기를 밀어내고, 반역의 인공기를
육탄으로 지켜주던 시절을 벌써 잊었습니까?

● 2002년 9월7일: 서울 상암동 월드컵 경기장에서 열린 남북통일축구 때 입장객들은 태극기를 압수당했습니다.

● 2005년 8월14일: 남북통일축구 대회가 열린 상암 월드컵 경기장에서는 태극기 반입이 금지되고 인공기 보호령이 내려졌습니다. 청소년 관중들에게 태극기를 나눠주던 애국단체 회원들은 좌파단체의 습격을 받아 머리가 터지고 옷이 찢어진 채 경찰 포위망에 3시간여 감금당하였습니다.

● 좌파정권은, 2000년 9월15일 시드니 하계 올림픽 입장식 때, 2002년 9월29일 부산 아시안 게임 때, 2003년 8월21일 대구 유니버시아드대회와 2004년 아테네 올림픽 입장식 때 태극기를 몰아내고 한반도기를 내걸었습니다.

● 2003년 여름 광화문에서 애국시민들이 인공기를 꺼내 불태우려 하자 사복경찰관이 쏜살같이 뛰어들어 반역의 깃발을 낚아채 달아났습니다. 그는 시민들에게 '빨갱이'로 오인되어 얻어맞았습니다. 그 뒤 애국행사장에서마다 경찰은 소화기를 들고 다니면서 인공기 소각을 막았습니다.

　―이런 노무현 세력이, 최근 태극기를 덕수궁 앞 길바닥에다 깔고 사람들이 밟도록 한 것은 고의로 대한민국의 상징인 국기를 모독하도록 유도한 것으로 볼 수밖에 없습니다. 검찰은 관련자들을 엄벌하라!

　―2009년 노무현 추종자들이 덕수궁 앞 路上(노상)을 한 달간 불법점거, 분향소를 만들어 도심통행과 도시미관을 해치는 데도 공권력이 손을 쓰지 못하는 것을 보다 못한 국민행동본부가 이를 철거하였습니다. 검찰은 상을 주기는커녕 서정갑 본부장을 벌금 100만 원으로 약식 기소하였고, 판사는 검사 구형량보다 다섯 배나 되는 벌금 500만 원을 선고하였습니다. 우리는 검찰과 법원이 이번 태극기 모독사건에 대하여 어떤 벌을 내릴지 지켜볼 것입니다.

　―검찰은, 덮어준 노무현 비자금 수사를 재개하고, 부산저축은행을 범죄조직화하여 부산서민들의 피땀 어린 돈을 등친 '광주일고 출신' 금융마

피아들을 斷罪(단죄)하라! 이들로부터 돈을 받은 政官界(정관계) 및 언론
계 인사들을 聖域(성역) 없이 끝까지 수사, 한국의 부패구조를 폭파시켜
라!

※오는 6월15일(水) 오후 2시 서울 프레스센터 19층에서 '대한민국 정통세력의
시국선언 기자회견'이 있습니다.

2011.06.13

자유진영 지도층 인사들의 '6 · 15선언 폐기 촉구 및
對 한나라당 최후통첩' 기자회견:
6월15일(水) 오후 2시 서울 프레스센터 19층

*從北(종북)척결로 자유통일, 부패척결로 一流국가! 대한민국을 목 조르는
6 · 15반역선언을 폐기, '6 · 15사변세력'의 집권을 저지하고, 聖域(성역)
없는 '저축은행 비리' 수사로 한국의 부패구조를 폭파시키자!*

●'萬惡(만악)의 근원'인 6 · 15반역선언은 대한민국의 심장에 박은 대
못이다. 김대중, 김정일이 대한민국 헌법을 짓밟고, 사실상 대한민국 공산
화에 합의한 이 문서는 從北 쓰레기들에겐 '반역면허증', 北엔 '對南적화초
대장'이 되었다. 6 · 15사변세력이 2012년에 정권을 잡는 것을 막아야 자
유를 지킬 수 있다. '대한민국赤化시계'는 지금도 돌고 있다. 從北 쓰레기

들을 청소하고 자유통일하여 북한동포 해방하자!

　●'광주일고 출신 금융마피아들'이 부산저축은행을 범죄조직화, 부산
서민 등의 돈을 끌어 모아 5조 원 이상을 갈라먹고 날리고 뇌물로 뿌린 建
國(건국) 이래 최대의 권력형 부패사건! 캄보디아에 투자한 5000억 원의
행방은? 20代 창구 여직원의 공갈에 묻지도 않고 5억 원을 건네주었으니
얼마나 많은 공직자들을 타락시켰겠는가? 검찰은 외부 압박에 굴하지 말
고, 與野(여야), 地緣(지연), 學緣(학연) 가리지 말고, 범법자들을 모조리
구속, 상층부의 부패를 척결, 깨끗한 나라를 만들라!

　참여단체－갑종31기공병모임/갑종6 · 7 · 152 · 157 · 164기동기회/강
북균형발전시민연합/강친구/강화특공대/경기57 청계산우/경기과사모/
경남복면 온천교회/경복고29회 대은회/경오회/경죽회 공군(예)정심회/
공군사후장교 56기 동기회/공군참전군인회/공사1기동창회/공사3기동창
회/공해출판추방연합/구국결사대/구포초등동기회/국가를위한기도모임
국가기본문제연구소/국민건강운동연합/국민통합선진화행동본부/국민
행동전략문제연구소/국민행동 미주지역본부/국방대학원68년도졸업동
기회/금양회/기독교사회책임/기독장교팔복회/나눔과기쁨/남원윤씨 판
관공은파/납북자가족협의회/네티즌구국연합/농어민빈곤극복연대/뉴라
이트청년연합회/다정한사람들/대구삼진회/대구성지회/대구시수성구동
애향단회/대한6 · 25참전위부사관연맹/대한민국건국회/대한민국육군
종합학교전우회/대한민국지키기불교도총연합/대한민국참전경찰유공자
회/대한민국포병전우회/대한민국해군동지회중앙회/대한전상퇴역장교
회/덕수상고 47회 산악회/동령회/동주회/라이트코리아/마산가고파해병
대전우회/마산여고27회동창회/무궁화 봉사대/무학서당/미래한국/미주
애국단체총연합회/미주국군포로송환위원회/미수회/민주교육시민연대/

민주사회시민단체연합/민주실천은평연합/바른생활문화연대/반국가교육척결국민연합/밝고힘찬나라운동/배재71회골프회/백마고지참전전우회/베트남참전전우회/보리회/부경회/부관동우회/부산6·25참전유공전우회/부산교우삼오회/부산동령회/부산시월남참전유공전우회/북한구원운동/북한망명임시정부추진위원회/북한민주화운동본부/북한민주화포럼/북한민주화위원회/분당시니어스타/불암회/사단법인 담수회/사직정궁도장/삼락회안양지회/삼목회/상전친목회/생명식품주부연합/서울법대분당동창회/서울시니어골프/서울청록테니스회/선진화시민행동/성남고교일팔회/송악회/신동초등학교8회동기회/실향민중앙협의회/시애틀국민행동본부/애우회/영관장교연합회 대구경북지회/영동산악회/영록회/영신골프회/올인코리아/워싱턴주 국민행동본부/월남참전전상마산동지회/육군대학68정규/육군대학75정규(고시1기)동기회/육군사관학교참모모임/육대정규67동호회/육사3·5·7·8·9·10기동창회/六四會/육해공군해병대(예)대령연합/응봉회/의거귀순용사회/의송회/의승희/이칠회/인천사범서울팔인회/인천에코넷/인천중학교9회/인터넷독립신문/인터넷타임즈/일지매/일진회/자공회/자연환경보존협의회/자유넷/자유대한수호국민운동본부/자유민주민족회의/자유민주연합동지회/자유북한방송/자유북한운동연합/자유사학시민연합/자유수호국민운동/자유실천시민연합/자유언론인협회/자유풍선단/장고양동우회/재경안의387동문회/재미동포애국행동본부/재일국민행동본부/전국NGO연대/전국ROTC 제3기 동기회/전국대공동지총연합/정보동우회/정훈동우회/제물포고6회/제인회/제주도군퇴역연금전우회/조갑제닷컴/좋은사회네트워크/좋은사회시민연합/준법운동강동연합/준법운동국민연합/중우회/진백동지회/진백회/창원중등선임교장협의회/천년회/청교도영성훈련원/청조회/초우회/초월회/충효예실천운동본부/탄금회/탈북자동지회 태극

기지킴이/태평양시대위원회/평사인/평생반공평생봉사동지회/평창회/
평택상인연합회/한국기독교신도연맹/한국노동협회/한국녹색교육협회/
한국발전연구원/한국성씨총연합회/한국유격군전우회/한국자유연합/
한국화랑도협회/한미친선군민협회/한아경제회/한중회/합포회/해군동
지중앙회/해병대구국결사대/해병대전우회서울 · 대전 · 경남 · 충남 ·
강원연합회/해병대하사관3기 동우회/해병학교32기 동기회/해병학교46
기 동기회/해사2기동창회/해사5기동창회/헌우중앙회/헤펠레코리아/호
국6 · 25전상동지회/호국군사관학교 총동창회/호사동창회/화초회/환경
문화시민연대/황성회 대전지회/황해도송화풍회면부녀회/황해도수우회
황해도장연군 대구면민회/휘문애교동지회/103(성균관대)ROTC 동기회
3 · 1정신선양회/3사대구동문회 50(현임) 동우회/6 · 25남침피해유족회
6 · 25참전국가유공자회/6 · 25참전소년병전우회중앙회/6 · 25참전유공
자백골유격대/6 · 25참전태극단/KLO8240부대전우회총연합회/K종합
서비스/LA오렌지카운티 국민행동본부/ROTC 구국연합회/ROTC 서울
클럽 등 350개 단체

※'광주일고 출신 금융마피아들의 부산서민 착취 사건' 폭로 부산시민 궐기대회:
6월24일(金) 오후 3시 부산역 광장
※오늘(13일) 오후 2시 서울 서대문 문화일보홀: 조갑제의 현대사 월요강좌에서 전
금감원 감사반장 최종봉씨의 '저축은행 비리의 몸통과 본질' 이란 제목의 발표가
있습니다.

진실을 들으러 가자! 오는 금요일(24일) 오후 3시, 부산역 광장으로!

'단군 이래 최대非理(비리) 부산저축은행 사건' 내막 보고대회: 정의로운 부산시민들이 들고 일어나 '금융마피아+비호세력=범죄카르텔'을 폭파시키자!

1. 광주일고 출신 금융마피아들은, 부산저축은행을 장악, 이를 범죄조직화하여, 부산서민들의 피땀 어린 돈을 착복하고, 해외로 빼돌리고, 엉터리 사업에 날리고, 금감원 감사원 청와대 국세청 국회의원 등에게 뇌물공세를 펴 온 나라를 부패의 늪에 빠뜨렸습니다. 단국 이래 최대의 부패사건이자 부산서민 착취 사건입니다.

2. 언론은 主犯(주범)집단의 정체를 은폐하고 있습니다. 매일경제신문은 '광주일고'임을 감추기 위하여 '지역명문 K고'가 일으킨 사건이라고 보도, 마치 부산 경남고가 나쁜 짓을 한 것처럼 장난을 쳤습니다. 악당들의 정체를 明記(명기)해야 엉뚱한 오해와 지역감정을 막을 수 있습니다.

3. 부산출신 한나라당 국회의원들이 수상합니다. 부산저축은행 사건의 진실에 대하여 일제히 입을 닫고 있습니다.

4. 저축은행들이 지난 10년간 공무원 등에게 뿌린 뇌물이 1조 원이나 된다는 주장도 있습니다. 부산저축은행의 28세 창구직원이 퇴직 후 협박을 하니 회사 측은 간단히 5억 원을 건네주었습니다. 저축은행은 한국의 지도층을 부패시킨 저수지였습니다. 地緣(지연)과 學緣(학연)과 권력으로 형

성된 부패 카르텔을 이번 기회에 폭파시켜야 합니다. 검찰은 聖域(성역) 없이, 기한 없이 수사하여 직위高下를 막론하고 犯法者(범법자)들을 단죄해야 합니다.

5. 저축은행 非理 카르텔은 대통령보다 더 힘이 세다고 합니다. 금융기관이 아니라 금융사기단으로 변한 사실을 알고도 저축은행에 갖가지 특혜를 제공, 예금자들을 詐取(사취)하도록 방조한 공무원들을 단죄해야 합니다.

6. 오는 금요일 오후 3시 부산역광장 시민궐기대회에 모여 부산저축은행 사건의 전모를 들어봅시다. 사건의 배후를 추적해 온 趙甲濟(기자), 조영환(올인코리아 편집인), 최종봉(前 저축은행 감사반장), 김옥주(부산저축은행 사건 피해자 대표)씨 등이 연사로 나옵니다.

2011.06.28

한나라당이란 썩은 새끼줄을 잡고 인수봉을 오를 수는 없습니다!

從北(종북) 쓰레기들에게 영혼을 판 한나라당이 從北세력의 집권을 저지할 순 없습니다!

1. 지금도 '천안함 폭침은 대한민국이 조작한 것이다'고 억지를 부리는 민주-민노-從北세력이 집권하는 날은 反共(반공)자유민주국가로서의

대한민국이 문을 닫는 날이 될 것입니다.

2. 從北깽판 세력에 겁을 집어먹고 헌법정신과 국가 정체성을 포기, 좌경화하여 나라를 거덜 내기 위한 복지포퓰리즘 경쟁을 벌이는 한나라당은 보수층을 배신함으로써 自我(자아)를 상실하고 不孝(불효)·不忠(불충)·不姙(불임)정당이 되었으므로 절대로 從北세력의 집권을 막을 수 없습니다.

3. 사실상 대한민국 공산화에 합의한 反헌법적 6·15반역선언을 명시적으로 반대하는 한나라당 의원은 정몽준, 심재철씨뿐입니다. 교과부 장관이 전교조의 하수인같이 되어 계급史觀(사관)으로 쓰인 반역적 한국사 교과서를 국가검정으로 채택해 주고 내년부터는 필수과목으로 가르치겠다고 하는 데 국민들이 그렇게 반대하여도 한나라당은 아무 관심이 없습니다. 대한민국이 만들어준 유복한 환경에서 자란 이 당의 소장파는 애국시민들을 조롱하는 데는 용감한데, 從北세력 앞에선 꼬리를 내립니다. 이런 한나라당이 요행으로 집권하더라도 從北─좌파세력의 忠犬(충견) 역할에 그칠 것입니다.

4. 한나라당의 배신과 좌경화로 이 나라엔 거대한 보수층은 있으나 보수정당이 없는 기형적 정치地形(지형)을 보이고 있습니다. 우리는 이제 한나라당에 대한 기대를 접고, 과거와 다른 방식의 투쟁을 해야 합니다. 거짓 반역 세력과 싸우기 위하여 헌법과 진실을 무기로 삼아 우리를 조직하고 우리를 교육하고 우리를 싸움꾼으로 단련해야 합니다. 걱정만 하지 말고 代案(대안)을 만들어야 합니다. 건국─산업화─민주화를 잇는 대한민국 정통세력이 救國(구국)의 결단을 내려 자유통일 주체세력을 길러내야 합니다.

5. 부패, 반역, 깽판, 무능, 無禮(무례), 전과자 집단이 지배하는 국회는 희망이 없습니다. 自由통일과 一流국가로 가는 길의 걸림돌이고 행복한

삶의 훼방꾼입니다. 대한민국 중심세력이 일어나 유권자와 납세자의 권한을 행사해 깽판·부패 정치를 청소합시다.

2012년을 위한 결정적 행동을 준비합시다. '국민행동 2012'의 기치 하에 대동단결, 조직적이고 구체적이고 지속적인 행동으로 從北부패세력의 집권을 저지, 조국을 지킵시다. 깨끗하기에 용감한 국민행동본부가 앞장서겠습니다. 민족의 염원을 담은 구호, "從北척결 자유통일, 부패척결 一流국가"를 다 같이 외쳐봅시다. 대한민국 만세!

※從北 집권 저지를 위한 救國의 결단–'국민행동 2012'를 준비하는 강연회가 오는 30일(木) 오후 2시 서울 프레스센터 20층에서 열립니다. 金東吉 박사, 金昌準 전 美공화당 하원의원, 趙甲濟·金成昱 기자, 梁榮太 자유언론인협회장 등이 演士(연사)로 나옵니다.

2011.07.12

굳이 공동개최, 단일팀을 하겠다면 평창을 반납하라!

태극기와 애국가를 말살하겠다는 음모! 정동영, 황우여, 김진표를 헌법의 이름으로 규탄한다!

깽판 세력에 겁을 집어먹고 國家 정체성을 포기한 지 오래인 한나라당이 민주당과 함께 2018년 평창 겨울올림픽을 '平和(평화)올림픽'으로 만들 겠다며 '남북한 단일팀 구성'을 추진키로 합의했다. 민주당 정동영은 한 술 더 떠서 '남북공동 개최'를 선동하기 시작하였다.

황당한 일이다. 민족공멸의 核무기로 우리를 위협하는 김정일 집단을 올림픽에 끌어들여야 그 행사가 '平和올림픽'이 된다는 말인가? 지금 한나라당과 민주당은 "南北관계만 잘되면 다른 것은 다 깽판 쳐도 괜찮다"는 노무현의 '깽판정신'을 이어받아 國民의 意思(의사)를 무시한 채, 大韓民國을 상대로 '깽판'을 치고 있다.

남북공동 개최는 대한민국이 IOC를 속이고 북한정권의 심부름을 했다는 뜻이며, 남북한 단일팀이 구성된다 함은 大韓民國이란 국가가 올림픽에 출전하지 않는 것과 같다. 반역의 상징인 '한반도기'가 '태극기'를 대신하고 우리 선수들이 금메달을 따도 愛國歌(애국가)가 울려 퍼지지 않을 것이다. 남북공동 개최니 단일팀 구성 운운은 결국 우리 國民들의 가슴에서 국가와 헌법을 강제로 '제거'하겠다는 의도이다.

한반도에는 한 國家만 존재한다. 그것은 大韓民國이다. 한민족을 대표하는 국가는 오직 하나, 대한민국이다. 남북공동 개최 발상은, 김정일 정권 앞으로 평창 올림픽을 방해하도록 초대장을 보내는 격이고, 단일팀 구성론은 大韓民國이 김정일과 야합한 더러운 모습으로 세계 앞에 나서자는 것과 같다. 정동영, 황우여, 김진표는, 천안함 폭침과 연평도 포격으로 김정일이 평창 올림픽 유치를 도와주었으니 이에 報恩(보은)해야 한다고 생각하는 인간들인가?

정동영은 내년에 정권이 교체되면 본격적으로 남북공동 개최를 추진해야 한다고 했는데, 이는 민주당으로 정권이 넘어가면 왜 안 되는지를 알려주는 '프리젠테이션(PT)'이 아닌가? 大韓民國 영토인 강원도 평창에서 개최되어야 하는 올림픽을 북한에 쪼개주자든지 남북한 단일팀을 구성해야 한다고 주장하는 자들은, 반역자임이 분명하다.

　대기업이라고 하면 '착취'라는 말이 가장 먼저 떠오른다고 말한 홍준표 한나라당 대표는 사회주의적 계급史觀(사관)으로 세상을 보는 인물인가? 헌법도 진실도 정의도 자유도 모르는 홍준표, 정동영, 황우여, 김진표 의원은 평창으로 장난치지 말고, 국민 앞에 사죄하라! 굳이 공동개최, 단일팀을 하겠다면 평창을 반납하라! 당신들의 얼굴에 침을 뱉는다!

2011.07.20

민주당 집권은 무엇을 의미하는가?
2013년부터 일어날 일들

국가보안법이 폐기되고, 겁을 먹은 국민들은 이민을 갈 것이다. 반역은 내어놓고 하고, 애국은 숨어서 하게 될 것이다. 평창 겨울올림픽은 회수될 것이다. 한나라당은 해체되고 소장파 의원들은 민주당으로 투항해 갈 것이다.

　1. 민주당이 북한정권과 從北(종북)세력의 지원하에 내년의 두 차례 선거를 통하여 정권을 잡게 된다면, 평창 겨울올림픽은 반납해야 할 것이다. IOC 헌장은 남북공동개최를 허용하지 않는데 민주당이 멋대로 북한정권에 개최권의 반을 상납하겠다고 하니 회수할 수밖에 없다.

　2. 김대중과 김정일이 합의한 6·15 선언대로 하면 한국은 공산화될 수

밖에 없는데 민주당은 6·15 선언을 실천하겠다고 나설 것이다.

3. 민주당이 집권하면 행정부, 국정원, 군대, 청와대, 경찰, 검찰, 국회, 사법부, 헌법재판소, 언론, 각종 위원회, 공공기업에 從北세력 및 6·15 지지세력을 대거 포진시켜 대한민국 수호세력을 압박할 것이다. 북한정권이 대한민국의 안방으로 들어올 것이다. 반역은 내어놓고 하고, 애국은 숨어서 하는 세상을 만들 것이다.

4. 김대중·김정일은 평양회담에서 주한미군의 중립화(사실상 무력화)에 합의하였다. 민주당은 이 密約(밀약)을 실천하려 들 것이고 사실상 韓美동맹을 해체하게 될 것이다.

5. 국가가 관리하는 年基金(연기금)이 보유한 대기업의 주식으로 통제권을 장악, 국가 사회주의 형태의 정책을 펴는 한편 대기업의 자금을 북한정권 지원에 동원할 것이다.

6. 북한정권이 核미사일을 實戰(실전) 배치해도 "체제유지용이지 공격용이 아니다"라면서 이를 용인하고, 북괴군이 백령도에 상륙해도 "더러운 평화가 정의로운 전쟁보다 낫다"면서 저항을 포기할 것이다. 서울에 北이 쏜 미사일이 떨어져도 "북한소행이란 증거가 없다"면서 반격을 하지 않을 것이다.

7. 미래세대의 교육은 전교조가 장악, 계급史觀(사관)으로 쓰인 한국사 교과서를 필수과목으로 가르침으로써 학생들을 사회주의 혁명戰士(전사)로 양성할 것이다. 고등학교에 한총련과 비슷한 김정일의 전위대가 등장할 것이다.

8. MBC와 KBS는 광우병 亂動(난동) 때보다 더 심한 선동방송으로 안보와 법치를 파괴하려는 종북 깽판세력을 응원할 것이다.

9. 헌법재판소는 좌경 판사들에게 장악되어 국가보안법을 위헌으로 결정할 것이다. 이는 김정일의 전위대에 자유를 파괴하는 자유를 줄 것이다.

10. 간첩들은 줄줄이 특별사면되고, 민주화 유공자로 둔갑한 빨갱이들이 죽으면 국립현충원에 묻힐 것이다. 천안함 폭침 관련 기념물과 맥아더 동상은 철거될 것이다. 한반도기가 다시 등장, 태극기를 밀어낼 것이다. 애국가도 사라질 것이다.

11. 복지포퓰리즘과 對北퍼주기로 국가財政(재정)이 거덜날 것이다. 민주당은 이것이야말로 6·15 및 10·4 선언이 약속한 '민족경제의 균형발전이고 유무상통의 원칙'이라고 강변할 것이다.

12. 민주당에 아부하는 軍 지휘관들은 군인들도 '6·15 선언 실천'에 앞장서야 한다고 가르치면서 '北=主敵(주적)' 개념을 금지시킬 것이다. 사병들끼리 계급 대신 '아저씨'라고 부르도록 권장될 것이며 노동조합과 유사한 士兵(사병)조직이 만들어질 것이다.

13. '6·15 선언 실천'이란 명분하에 赤化통일로 가는 남북연방제案이 국민투표에 부쳐질 것이다. 가결되면 대한민국은 공산화된다.

14. 많은 국민들이 겁을 먹고 이민을 가기 시작할 것이다. 富(부)와 두뇌의 流出(유출)러시가 일어날 것이다.

15. 한나라당은 해체되고 소장파 의원들은 민주당으로 투항할 것이다.

16. 대한민국 헌법의 세 기둥인 反共자유민주주의, 시장경제, 법치주의가 뿌리 뽑히면서 민주공화국은 끝장나고 우리가 쌓아올린 文明(문명)생활도 從北 야만족에 짓밟힐 것이다.

"김정일은 나쁜 놈, 편드는 자는 더 나쁜 놈! 대한민국은 좋은 나라, 미국은 영원한 친구."

국민행동본부는 2012년의 大決戰(대결전)을 위한 결정적 행동을 준비하고 있습니다. '국민행동 2012'("종북척결 자유통일, 부패척결 일류국가")를 곧 선보이겠습니다. 기다려주십시오.

'흥남철수작전의 영웅' 金白一 장군에 대한 인민재판을 중단하라!

양심 있는 巨濟(거제) 시민들이 나서서 피란민 10만 명을 살린 김백일 장군의 동상을 지켜야 한다. '북한 공작원' 윤이상의 동상은 세워주고 애국자의 동상을 허물려는 경남도가 수상하다.

1. 거제의 일부 단체·현지 언론 및 지방 의회가 연합하여 거제시 포로수용소 유적공원 내 설치된 '흥남철수작전의 영웅' 김백일 장군 동상 철거를 결의하고 이에 경남도 지사까지 호응하고 나섰다. 이들이 철거를 주장한 이유는 김백일 장군이 만주군관학교를 졸업, 滿軍(만군)의 간도특설대에 근무한 친일파라는 것이다.

2. 김백일 장군을 '친일파'로 모는 것은 사실과 다르고, 중대한 명예훼손으로 민형사 책임을 져야 할 사안이다. 김백일 장군은 滿軍 시절에 배운 군사기술로 建國(건국) 후 공산당의 반란과 남침에 맞서 싸우는 데 분투했으며 무엇보다 '흥남철수작전' 중 절망적인 상황에서 10만 명의 북한사람들을 구출한 영웅이다.

그는 여순14연대 반란을 진압한 지휘관이었고, 6·25 남침 초기 1군단장으로서 낙동강 전선의 동쪽(포항, 안강, 기계, 영덕)을 맡아 북괴군을 저지했다. 北進(북진)할 때는 그가 지휘한 1군단 3사단이 가장 먼저 38선을 넘었다. 이를 기념해 국군의 날이 10월1일로 정해졌다. 혜산진까지 북진했던 1군단은 중공군 개입으로 후퇴하던 중 美 10군단과 함께 흥남철수작전을 성공시킨다.

미군과 한국군은 중공군에 포위된 가운데서도 군함, 상선, 어선을 동원, 군인 10만5000명에 피란민 10만 명을 태우고 철수했다. 후퇴하는 군대가 피란민을 이렇게 많이 구출한 예는 세계戰史(전사)에서도 드물다. 軍은 피란민들을 거제도에 내려주었다. 金장군은 34세에 戰死(전사), 부귀와 영화를 누린 적도 없다. 흥남철수작전기념사업회(회장 황덕호)는 지난봄 '흥남철수작전의 영웅' 金白一 장군에게 감사하는 마음을 담아 민간인 성금으로 장군의 동상을 제작, 거제시 포로수용소 유적공원 내에 세운 것이다. 김백일 장군은 친일파가 아니라 애국자이다. 나라가 없던 시절 만주군에 들어간 행적만 과장하여 친일파로 모는 것은 조지 워싱턴이 영국식민지 하에서 민병대에 근무하였다고 親英派(친영파)로 매도하는 것과 무엇이 다른가? 거제시 의회는, 인간과 역사에 대한 모독을 중단하라!

3. 친일인명사전을 펴낸 민족문제연구소는 좌편향 인사들과 좌익사건 연루자 등이 주도하는 단체이다. 좌파세력이 이념적 의도를 깔고 선정한 이른바 '친일人名(인명)'은 객관성과 역사성이 없어 신뢰를 얻지 못한다. 예컨대 여운형처럼 친일행위가 명백한 좌익인사는 빼주고 박정희 등 대한민국 발전에 기여한 사람들은 무리하게 집어넣었다. 이런 좌경세력의 편향된 자료를 근거로 '흥남철수작전의 영웅'을 '친일파'로 단정하는 것은 일종의 人格(인격)살인이다. 김백일 장군이 키운 국군과 지켜낸 대한민국을 음해하려는 의도가 아닌가.

4. 인근 경남도 통영시엔 국가기관(안기부)이 '북한의 문화 공작원'이라고 규정한 從北(종북)인사 윤이상 기념관과 동상이 있다. 대한민국이 공산화된 것도 아닌데 민간단체가 세운 애국자 동상까지 철거하고, 북한의 공작원 동상을 지켜준다면 이는 대한민국이 赤化(적화)되었다는 이야기가 아닌가. 이것은 從北세력이 주도한 2005년 맥아더 동상 파괴 난동보다 더

끔찍한 국가自害(자해)행위이다. 거제시 의회는 한나라당 의원 9명, 진보신당 3명, 민노당 1명, 무소속 2명으로 구성되어 있다. 한나라당이 다수인 거제시 의회가 이 모양이니 이제 국민이 나서 '흥남철수작전의 영웅' 김백일 장군의 동상을 지키는 수밖에 없다.

　대통령과 국방장관은 대한민국과 국군의 역사와 명예를 지키기 위하여 나서야 한다. 6·25 전쟁 영웅을 인민재판에 맡겨놓고 구경하는 대통령과 장관은 국가正體性(정체성)을 지킬 의지가 없다고 봐야 한다. 대한민국을 위해, 우리 후손들의 자유와 번영과 평화를 위해, 정부와 국민과 양심 있는 거제시민은 행동하라!

― 2011.08.26

〈'公敵 1호' 민노당 해산 국민운동〉을 선언한다! 반역과 亂動(난동)으로부터 職場(직장)과 家庭(가정)을 지키자!

　1. 민노당 강령은, 민중민수수의를 지도이념으로 표방한다. 민중민주주의는 인민민주주의 등과 마찬가지로 프롤레타리아 독재(공산주의)의 變種(변종)으로서, 국민 중 일부인 '민중' 계급(노동자, 농민, 빈민)만의 主權(주권)을 주장함으로써, "국민 전체가 주인이요, 모든 권력은 국민에게서 나온다"는, 대한민국 헌법상의 國民主權主義(국민주권주의)와 자유민주주의를 부정하는 개념이고, 이미 대법원 판례에 의하여 명백한 利敵(이

적)이념으로 판명되어 있다.

2. 민노당이 표방하는 통일정책은 북한의 고려연방제 赤化(적화)통일 방안과 같은 것으로서, 대한민국 헌법이 명령하는 자유민주통일 원칙을 위반하였다.

3. 민주노동당은 新舊(신구)강령을 통하여 사회주의 志向(지향), 북한식 연방제 통일, 민중민주주의, 주한미군 철수와 韓美동맹 해체, 자본주의 반대 등을 주장하고 그 목적을 위하여 불법과 난동을 자행, 헌법 제8조의 '민주적 기본질서에 위배되는 정당'에 해당하므로 해산되어야 한다.

4. 민노당 당직자들이 간첩 등 공안사건에 연루된 경우가 여러 번 있었으나, 黨은 소속 당원들의 犯行(범행)과 관련하여 對국민 또는 對정부 사과를 한 적이 없고, 또한 해당 당원에 대하여 출당 등 조치를 취한 적이 없으며 간첩을 침투시켜 민노당을 장악하려 한 북한정권에 항의한 적이 없다.

5. 정상적인 法治(법치)국가에서라면 벌써 해산되었어야 할 정당이다. 정부는 민주노동당이 창당된 지 10여 년이 지나도록 정당해산 심판청구를 하지 않고 있으므로 청원인(단체)이 본건 청원을 하기에 이르렀다. 정부, 그리고 정부의 법률상 대표자인 법무부 장관은 신속히 국무회의의 심의를 거쳐 헌법재판소에 정당해산 심판청구를 해줄 것을 청원한다.

※자유민주적 기본질서에 위배되는 목적과 활동으로 헌법을 상시적으로 위반하는 민노당 해산 청원서 제출 기자회견이 오늘(26일 · 金) 오후 2시 과천 정부종합청사 정문 앞에서 있습니다.

"왕재산 간첩단" 철저히 수사 처벌하라!
모이자!!! 8월30일(화) 오후 2시 장충체육관으로!

◆ 특별연사: 박세환(재향군인회 회장) 김홍도(금란교회 감독) 조갑제(조갑제닷컴 대표) 이건개(변호사, 前 검사장)

●김정일, 김대중이 대한민국 헌법을 짓밟고 사실상 대한민국 공산화에 합의한 6·15선언을 폐기하라!

●노무현, 김대중 비자금 철저히 수사하여 환수하라!

●6·25를 북침, 주한미군을 침략군, 천안함 폭침을 조작, 대한민국을 역사에서 없었어야 될 나라라고 가르치는 전교조 및 종북세력을 척결하라!

●정부는 반역적 고교 역사 교과서의 집필 검정 과정을 조사하고, 대통령은 즉시 이런 교과서를 폐기처분하여 어린 학생들에 대한 '붉은 교육'을 중단하라!

●국가보안법을 철저히 적용하여 각계각층에서 민주화 진보란 탈을 쓰고, 간첩행위를 하는 자들을 철저히 수사하여 처단하라!

국가 정체성과 이념이 모호한 한나라당이란 썩은 새끼줄을 잡고는 인수봉을 오를 수 없다!

'위대한 서울시민' 215만9095명! 맨 정신을 가진 여러분이 조직책입니다!

혼자선 용감할 수 없습니다. 거대조직을 만들어 '민주惡黨(악당)'을 진압하고, 잃어버린 '우리의 표'를 찾아옵시다!

1. 곽노현 세력의 선거 방해 책동을 무릅쓰고, 지난 8월24일 투표장에 나가 국민의 권리와 의무를 다한 25.7%(215만 9095명)의 서울시 유권자들에게 敬意(경의)를 표합니다. 여러분들이 一流(일류)시민이고 진짜 '행동하는 양심'입니다.

2. 진보로 위장한 從北(종북) 극좌 세력이 組暴化(조폭화)하여 제주, 부산, 서울을 무법천지로 만들고 우리의 삶을 위협하고 있습니다. 2012년의 총선과 大選(대선)은 남북한 좌익 연합세력 對 대한민국 수호 세력의 결전장이 될 것입니다. 215만9095명이 組織責(조직책)처럼 행동해야 5000만 국민과 진실-正義(정의)-자유를 지켜낼 수 있습니다.

3. 혼자선 용감할 수 없습니다. 조직되지 않는 대중은 모래알과 같습니다. 官軍(관군)은 없습니다. 215만9095명의 義兵(의병)만 남았습니다. '국민행동 2012'의 기치 아래 뭉쳐서 조직으로 싸웁시다. 민주惡黨(악당)들로부터 가정과 직장, 그리고 미래 세대를 지켜냅시다. 헌법파괴당인 '公敵1호' 민노당부터 해산시킵시다! 국보법 사범-부패 사범-병역기피자의 公職(공직) 취임을 영구적으로 금지하는 법을 만듭시다!

4. 215만 9095명이 뭉치면 10 · 26 서울시장 선거를 결정합니다. 역사

를 만들고 세상을 바꿉니다. 조직하고 행동하면 무서울 게 없습니다. 국민들 마음에 불을 지릅시다!

5. 우리의 맹세: "우리는 민족사의 정통세력으로서, 자유민주주의-시장경제-법치주의를 발전시켜, 공산惡黨(악당)을 제거하고, 북한동포를 해방함으로써 인간의 존엄성이 구현되는 통일조국을 건설할 것을 굳게 다짐합니다."

※公敵1호 민노당해산 '국민행동 2012' 출범식이 오는 9월2일(金) 오후 2시 서울 프레스센터 20층에서 열립니다. 金東吉 박사, 高永宙 변호사, 趙甲濟 대표, 金成玉 기자가 연사로 나옵니다.

— 2011.10.24

대한민국을 死守(사수)합시다!
지키지 못하는 날에는 다 죽어야 합니다.
대한민국 만세! 국군만세! 자유통일 만세!

從北機長(종북기장)이 여객기를 몰고 北으로 날아가는 사태는 기필코 막아야 합니다!

이하공백

2011.11.02

從北(종북) 민노당원을 서울시 공무원으로 임명하면 박원순 시장 퇴진 운동에 돌입할 것이다!

戰時(전시) 수도권 방어에 핵심적인 역할을 하는 행정조직이고 많은 안보 시설을 관리하며 국가기밀을 공유하는 서울시 요직에 從北정당원이 임명되면 核무장을 한 敵을 30km 앞에 두고 있는 서울에 안보상의 큰 문제가 생길 것이다.

민주노동당은 연방제와 韓美(한미)동맹 해체 등 북한정권의 對南(대남) 적화전략에 동조하는 목적을 갖고 활동하는 從北정당이다. 국민행동본부는 이 정당을 헌법8조의 '민주적 기본질서에 위배되는 정당'으로 규정, 정부가 해산절차를 밟아줄 것을 법무부장관에게 청원한 바 있다.

박원순 후보를 당선시키기 위한 조직에 민노당이 참여하였고, 박 시장은 서울시의 요직에 민노당원을 임명할 것이란 이야기가 나온다. 서울시는 戰時(전시) 수도권 방어에 핵심적인 역할을 하는 행정조직이고 많은 안보 시설(국가보안목표)을 관리하며 국가기밀을 공유한다. 이런 서울시 요직에 從北정당원이 임명되면 核무장을 한 敵을 30km 앞에 두고 있는 서울에 안보상의 큰 문제가 생길 것이다. 우리는 "천안함 폭침의 책임은 북한을 자극한 정부에 있다"고 말해 온 朴시장이 보안법 폐지를 주장하고, '김일성 만세'도 단속할 필요가 없다고 말해 온 점에 유의하면서, 민노당원을 서울시 공무원으로 임명하면 헌법의 명령을 받들어 救國(구국)차원에서 즉각 박원순 시장 퇴진운동에 돌입할 것임을 미리 경고해 둔다. 당선은 비리의 면죄부가 될 수 없고, 반역 면허증이 아니다.

1. 민노당 강령은, 민중민주주의를 지도이념으로 표방한다. 민중민주주의는 인민민주주의 등과 마찬가지로 프롤레타리아 독재(공산주의)의 變種(변종)으로서, 국민 중 일부인 '민중' 계급(노동자·농민·빈민)만의 主權(주권)을 주장함으로써, '국민 전체가 주인이요, 모든 권력은 국민에게서 나온다'는, 대한민국 헌법상의 國民主權主義(국민주권주의)와 자유민주주의를 부정하는 개념이고, 이미 대법원 판례에 의하여 명백한 利敵(이적)이념으로 판명되어 있다.

2. 민노당이 표방하는 통일정책은 북한의 고려연방제 赤化(적화)통일방안과 같은 것으로서, 대한민국 헌법이 명령하는 자유민주통일 원칙을 위반하였다.

3. 민노당은 新舊(신구)강령을 통하여 사회주의 志向(지향), 북한식 연방제 통일, 민중민주주의, 주한미군 철수와 韓美동맹 해체, 자본주의 반대 등을 주장하고 그 목적을 위하여 불법과 난동을 자행, 헌법 제8조의 '민주적 기본질서에 위배되는 정당'에 해당하므로 해산되어야 한다.

4. 민노당 당직자들이 간첩 등 공안사건에 연루된 경우가 여러 번 있었으나, 이 黨은 소속 당원들의 犯行(범행)과 관련하여 對국민 또는 對정부 사과를 한 적이 없고, 또한 해당 당원에 대하여 출당 등 조치를 취한 적이 없으며 간첩을 침투시켜 민노당을 장악하려 한 북한정권에 항의한 적이 없다. 정상적인 法治(법치)국가에서라면 벌써 해산되었어야 할 정당이다.

※오는 11월22일(火) 오후 2시 강원 고성문화회관(033-681-2922)에서, 29일(火) 오후 2시 양평군민회관(031-770-3776)에서 시국강연회가 열립니다. 연사로 金東吉, 趙甲濟, 金成룡이 나옵니다.

2011.11.09

교사들의 反국가적 욕지거리 수업을 녹음 고발한 학생들을 격려한다!

욕설과 선동으로 젊은 영혼을 더럽히는 패륜교사들을 추방하라!

●대한민국 교실에서는 현재 赤化(적화)가 진행되고 있다. 문제 교사들이 교육 현장에서 학생들에게 階級史觀(계급사관)을 기반으로 욕설까지 내뱉으며, 대한민국을 난도질하는 反대한민국 · 反교육적 일탈 행위를 공공연히 자행하고 있다. 경기도 김포의 J고교 1학년 국사 담당교사가 지난 달 말 진행한 수업은 한마디로 어린 학생들을 상대로 한 저급한 사상주입 행위였다.

●문제 교사는 학생들에게 박정희 대통령, 나경원 서울시장후보 등의 실명을 거론하며 이들을 비난하고, 兩極化(양극화)를 선동하면서 학생들에게 "딴 데 가서 이야기하지 마. 특히 할아버지들한테 얘기하지 마. 아우 씨×. 빨갱이라고 그래"라고 말했다. 교사의 패륜적 수업을 참다못한 한 학생은 수업 내용을 녹음해 인터넷 웹사이트에 올리면서 "어떻게 좀 처리

해 달라"고 절규했다.

●해당 교사는 임용 2년차로서 주위의 평도 좋고, 從北(종북)성향 활동 노선을 보여 온 전교조 소속도 아니었다. 모범적인 교사가 이 정도라면 일선 교육 현장에서 왜곡·선동·막말의 망국적 교육 행위가 얼마나 일반화되었는지를 잘 보여준다.

●지난 5일에는 서울소재 K고교 윤리 교사의 패륜 수업 녹음 내용이 한 학생에 의해 인터넷에 공개됐다. 문제의 교사는 "右派(우파)를 자칭하는 새끼들은 파시스트 세력들, 극우파에 가깝다"면서 다음과 같은 막말을 학생들 앞에서 했다. ▲곽노현 교육감 같은 사람이 백 번, 천 번, 만 번 낫다 ▲前 교육감은 늙은 영감탱이 일흔 몇 살 처먹은 인간 ▲우리 각하(이명박 대통령) 뽑아가지고 지금 아주 초토화되고 있다 ▲부자들은 절대 민주주의 좋아하지 않는다 ▲헌법재판소의 이 영감탱이 법관 새끼들 전부 꼴통 짓 하고 있다 ▲우리나라는 완전히 미국 무기 시장의 봉이다.

●교사의 욕지거리 정치선동 수업은, 형사처벌 받아야 할 不法(불법)활동이다. 憲法(헌법) 제7조에는 공무원의 정치적 중립 의무가 규정되어 있고, 교육기본법과 교원노조법에도 교사와 교원노조의 정치적 중립과 정치활동 금지가 분명하게 규정되어 있다.

●문제 교사들의 욕설과 선동수업을 녹음해 인터넷에 공개한 용감한 두 학생의 행동은 師弟之間(사제지간)을 이간질하는 것도, 人倫(인륜)에 어긋나는 것도 아니다. 反국가적 선동을 고발하는 것은, 애국적이고 윤리적인 행동이며 민주시민의 의무이다. '양심'과 '진실'과 '헌법'을 지키려는 두 학생의 고발행위는 장려해야 하며, 이들에 대한 어떠한 형태의 불이익이 있어서는 안 될 것이다. 정부는 문제의 두 교사를 엄중 문책하고, 진실을 폭로한 두 학생을 보호하라.

언론과 정치인은 젊은이들에게 아부, 선동 말라!

민족반역자 김정일 정권 타도를 위하여 국가의 힘을 모아야 할 때 세대간 갈등을 조장, 我軍을 敵前분열시키는 죄를 짓지 말라!

요사이 기자, 정치인들은 기성세대를 폄하하고, 소위 2040세대를 감싸고 아부하는 경쟁을 벌인다. 기성세대는, 戰亂(전란)의 폐허 속에서 불사조처럼 일어나, 한 손에 총 들고 다른 손에 망치 들고, 일하면서 싸우고 싸우면서 일하여 삶의 질 세계 12위(유엔개발기구 2010년 통계. 올해는 15위)의 위대한 나라를 만들었다.

2040세대는 다 그런 건 아니지만 나약하고 애국심이 부족하며 고마움을 모르고, 남 탓을 많이 하고, 무엇보다 김정일 학살집단에 대한 분노가 약한 편이다. 천안함 폭침이 북한 소행이 아니라고 생각한다는 이들이 한때 40%였다. 이들은 사회적으로 매장시켜야 할, '천안함 폭침의 책임이 대한민국 정부에 있다'고 주장한 후보를 서울시장으로 당선시키는 데 중심역할을 하였다. 국민교양이 약하여 정치적 선동에 속아 넘어가는 국민들이 1인1표제의 선거를 하게 되면 사기꾼이나 반역자를 대통령으로 뽑는 사태도 가능하다는 공포감을 느낀다.

餘生(여생)이 길지 않은 기성세대의 불안은, 2040세대가 살아갈 조국의 미래가 암담하게 느껴지기 때문이다. 5060세대의 大卒(대졸) 비율은 약 10%이고 2030세대는 약 60%이다. 高學力(고학력)이 나라를 발전시키는 원동력이 아니라 불평불만을 키우는 원인이 된다면 하느님도 도울 방법이 없다. 세계 최고의 학력을 가진 2040세대가 거짓선동에 넘어가는 데도 1등이다. 언론은 젊은 층의 빚이 늘고 취직이 어렵다고 동정적으로만 보도한다. 왜 절약하라는 이야기를 하지 않는가. '좋은 일자리'만 찾는 바람에 중소기업체는 求人難(구인난)을 겪어 외국인 노동자가 60만 명이나 된다는 사실, 세계적 경제 불황 속에서 그래도 한국의 사정이 나은 편이란 이야기는 왜 하지 않는가.

인간은 逆境(역경)을 이기는 사람이 100명이면 풍요를 이기는 사람은 한 사람도 안 된다고 한다(칼라일).

풍요 속에서 공짜심리에 젖기 쉬운 젊은이들의 의무와 책임을 깨우치지 않고 이들이 겪는 모든 문제가 정부와 기성세대의 책임이라고 선동, 표를 얻어 권력을 잡으려는 정치인들과 이들을 응원하는 언론은 국가적 자살행위를 부추긴 책임을 지게 될 것이다. 개인의 생명과 존엄성을 구현하는 게 궁극적 목표인 민주주의는 개인의 책임과 의무를 떠나선 존재할 수 없다. 내 아들이 서울대학교에 들어가지 못한 것은 내 이웃집 아들이 공부를 잘 하기 때문이 아니다.

기성세대도 잘못한 게 많다. 自淨(자정)노력을 소홀히 하였고, 漢字(한자)를 포기하여 한국어를 망가뜨렸으며, 학교를 反국가—막말 교육장으로 내어주었다. 기성세대가 앞장서서 병역 기피자—국보법 위반자—부패 前歷者(전력자)의 公職(공직) 취임을 영구적으로 금지시키는 법을 만들어야 한다. '부자가 겸손해지는 게 가난한 사람이 원한을 갖지 않는 것보다 쉽다'(論語)는 말도 명심해야 한다.

언론과 정치인들은 민족반역자 김정일 정권 타도를 위하여 국가의 힘을 모아야 할 때 세대 간 갈등을 조장, 我軍(아군)을 敵前(적전)분열시키는 죄를 짓지 말라!

※오는 11월22일(火) 오후 2시 강원 고성문화회관(033-681-2922)에서, 29일(火) 오후 2시 양평군민회관(031-770-3776)에서 시국강연회가 열립니다. 연사로 金東吉, 趙甲濟, 金成玟이 나옵니다.

2011.11.28

從北(종북)난동세력이 '韓美동맹 해체당'을 만들어 北에 南侵(남침)초대장을 주려 합니다!

김정일의 천안함 테러 및 김선동의 최루탄 테러 비호 세력이 통합 신당을 만들어 韓美동맹 해체와 주한미군 철수를 공약하는 날이 다가오고 있습니다!

　1. 국민참여당 유시민 대표, 민주노동당 이정희 대표, 새진보통합연대(진보신당 탈당파) 노회찬 상임대표는 지난 20일 국회에서 공동 기자회견을 열고 통합진보정당 건설을 추진한다고 선언했는데, 이들이 채택한 강령엔 끔찍한 대목이 있습니다.

　〈주한미군을 철수시키고 종속적 한미동맹체제를 해체하여 동북아 다자평화협력체제로 전환한다. 국군의 해외파병을 금지하고, 선제적 군비동결과 남북 상호 군비축소를 실현한다〉

　민노당 강령의 '한미동맹 해체—주한미군 철수' 공약이 그대로 이 통합정당 강령으로 수용되었습니다. 한국의 자유와 번영을 지켜온 울타리인

韓美동맹을 종속적이라고 주장하는 세력은 북한정권과 從北세력뿐입니다. 북한정권이 핵무장한 상태에서 韓美동맹이 해체되면 미국이 제공하는 核우산은 사라질 것이고, 그렇게 되면 우리는 한 손엔 핵무기, 다른 손엔 종북세력이란 두 가지 전략 무기를 든 북한정권의 노예가 되는 수밖에 없습니다. 이들은 칼을 든 강도가 문 밖에서 기다리고 있는데 무장한 경비원을 철수시키겠다고 약속한 셈입니다.

2. 더구나 통합진보정당은 〈국군의 해외파병을 금지〉한다고 했는데, 해외 파병을 안 하는 나라는 침략을 당해도 도움을 받지 못합니다. 이 정당은 북한군이 남침할 때 대한민국이 미국이나 유엔의 도움을 받지 못하도록 이런 함정을 판 것이 아닐까요? 강령의 〈선제적 군비동결〉도 음모입니다. 한국이 일방적으로 군사비를 동결, 핵과 미사일을 가진 북한군을 유리하도록 만들겠다는 의도일 것입니다.

3. 제1야당 민주당이 이런 정당과 통합을 추진한다는 건 한미동맹 해체에 합의한다는 뜻이고, 통합이 성사되면 한국의 야당세력은 전부 '從北 利敵(이적)집단화'된다는 이야기이며, 이는 반역의 제도화로서 국가적 자살을 의미합니다. 1949년 6월의 주한미군 철수가 있었기 때문에 1년 뒤 6·25 남침이 일어났듯이 韓美동맹 해체를 공약한 從北정당이 정권을 잡으면 제2의 6·25가 터질 가능성이 높아집니다. 정부는 헌법의 명령을 받들어 이런 利敵정당의 출현을 막아야 하며, 민주당은 從北세력과 결별해야 할 것입니다. 종북정당이 국회를 장악하면 본회의장에서 최루탄에 이어 수류탄이 터지고, 施政(시정)연설하는 대통령이 저격당하지 않는다는 보장이 없습니다. 만약 민주당이 韓美동맹해체당과 손을 잡는다면 우리는 그들을 대한민국의 敵으로 규정, 헌법수호 투쟁에 목숨을 걸 것임을 천명해 둡니다.

대한민국 만세, 자유통일 만세, 국군 만세!

※從北집권 저지를 위한 '국민행동 2012' 全國 순회 강연회: 11월29일(火) 오후 2시 양평군민회관(031-770-3776), 12월6일(火) 오후 2시 종로5가 기독교100주년기념관, 12월13일(火) 오후 2시 서울 프레스센터 20층. 연사: 金東吉, 趙甲濟, 高永宙, 金成昱.

2011.12.05

민노당은 '대한민국의 심장에 박힌 대못'!

대통령이 국회에 나와 施政(시정)연설을 할 때 수류탄을 던지지 않는다는 보장이 있습니까?

●김선동 의원의 최루탄 테러를 義擧(의거)라고 추켜세우는 민주노동당! 대통령이 국회에 나와 시정연설을 할 때 수류탄을 던지지 않는다는 보장이 있습니까?

●이런 당이 하자는 대로 하면, 대한민국은 韓美(한미)동맹을 해체하고, 보안법과 국정원을 폐지하여 제2의 6 · 25 남침을 불러들이든지, 민중민주주의와 연방제란 미명하에 공산통일이 되어, 조국을 김정일에게 갖다 바치는 수밖에 없습니다.

●민노당이 민주당과 손잡고 從北(종북)정권을 세우면 국회 폭력전문 강기갑 의원이 국정원장, 6 · 25 남침을 인정 않는 이정희 의원이 국방장관, 최루탄 테러 김선동 의원이 법무장관이 될지 모릅니다.

●조국엔 한없이 악랄한 민노당은 김정일엔 한없이 고분고분합니다. 김일성과 김정일과 김정은을 한 번도 비판한 적이 없고, 이들의 惡行(악행: 천안함 폭침 등)을 한사코 감싸주는 '기쁨조'입니다.

●히틀러의 유대인 학살을 부정하거나 비호하는 자를 감옥에 보내는 유럽의 기준을 적용하면 민노당은 해산되고 형사처벌을 받아야 합니다. 그런데 역대 정부는 이 당에 260억 원을 보조하였고, 언론은 從北난동당을 '진보'라고 미화합니다.

●국민행동본부는 지난 8월에 민노당을 위헌정당으로 규정, 해산절차를 밟아줄 것을 법무부 장관에게 청원하고 국민서명을 받고 있습니다. 민노당이 해체되든지, 대한민국이 해체되든지 兩者擇一(양자택일)입니다.

●'대한민국의 심장에 박힌 대못' 민노당을 헌법의 힘으로 없애버리기 위한 국민행동본부의 민노당 해산 운동에 모두 참여, 종북亂動(난동)정권의 등장을 저지하여 대한민국을 지켜냅시다! 함께 외쳐 봅시다: "김정일은 나쁜 놈, 편드는 자는 더 나쁜 놈, 대한민국 좋은 나라, 미국은 영원한 친구"

※從北집권 저지를 위한 '국민행동 2012' 全國 순회 강연회

―12월6일(火) 오후 2시 종로5가 기독교 100주년 기념관 대강당
연사: 김동길 교수, 조갑제 기자, 고영주 변호사, 김필재 기자

―12월13일(火) 오후 2시 서울 프레스센터 20층
연사: 김동길 교수, 조갑제 기자, 고영주 변호사, 전원책 변호사, 김성욱 기자

투표자 46%를 '컁상식파'라고 매도한
안철수 교수에게 묻는다!
귀하는 安保(안보) 백지인가, 安保 백치인가?

김정일 정권을 비판한 기록이 없는 '沒常識派(몰상식파)'는 절대로
公職(공직)을 맡아선 안 된다.

　有力(유력) 대통령 후보로 거론되면서 정치적 행동을 계속하는 안철수 서울대 교수에게 질문한다!

　첫째, 韓美FTA 등 정치현안에 대한 생각을 밝혀라. 국가大事(대사)에 대한 찬반 의견이 없는 이는 公職에 출마할 자격이 없다.

　둘째, '천안함 폭침', '연평도 포격', '北核(북핵) 문제', '북한인권 문제', '광우병 亂動(난동)', '전교조 문제', '김일성-김정일-김정은 세습독재', '韓美동맹', '국가보안법' 등에 관한 생각을 밝혀라! 安씨는 수많은 강연, 인터뷰, 집필을 하였음에도 安保문제에 대한 언급이 全無(전무)하다. 남태평양 통가 사람이 아니라면 있을 수 없는 현실도피이다. 안보에 관심도 흥미도 없다면 정치포기를 확실히 선언하라! 김정일 정권을 비판한 기록이 없는 이는 절대로 公職을 맡아선 안 된다.

　셋째, 이념 문제를 제기하는 이들을 욕하지만 말고 자신의 이념적 정체성을 밝혀라! 安교수는 천안함 폭침의 책임이 한국 정부에 있다고 주장한 박원순 후보의 서울시장 당선에 결정적 기여를 하였다. 이념대결이 숙명인 한반도에서 公人(공인)으로 활동하겠다면 자신의 이념부터 고백해야 한다.

넷째, 安씨는 서울시장 선거 직후 논평에서 "상식과 비상식의 대결에서 상식이 이겼다"고 하여, 나경원 후보 지지자(46%)를 非상식파로 매도하였다. 투표자의 46%를 적대시하는 反민주적 '몰상식파'가 누구를 지도하겠다는 것인가?

다섯째, 지난 9월 언론 인터뷰에선 "역사의 물결을 거스르는 것은 현재의 집권세력이다"고 맹비난하였던 安교수는 李明博(이명박) 정부의 '10대 신성장 동력 산업 위원회' 위원장으로 활동하고 있었음이 밝혀졌다. 정치를 배우기 전에 거짓말부터 배웠는가? 정치를 하겠다면 신당을 만들든지, 총선에 출마하라! 나중에 정치를 한다면 安교수가 약속한 '주식 기부'는 일종의 買票(매표)행위로 볼 수밖에 없다. 유령처럼 뒷전에서 서성대지 말라! 서울대 교수직이 그렇게도 한가한 자리인가?

※ 從北집권 저지를 위한 '국민행동 2012' 全國 순회 강연회
내일(12월13일 · 火) 오후 2시 서울 프레스센터 20층
연사: 김동길 교수, 趙甲濟 기자, 고영주 · 전원책 변호사, 김성욱 기자

민족 반역자에게 弔意-弔問 웬 말인가!

*민족반역자, 전쟁범죄자, 테러리스트를 우리 손으로 단죄하지 못한 恨(한)을
自由統一(자유통일)과 종북척결로 풀자!*

1. 300만 북한 동포를 굶겨 죽인 희대의 학살자, 민족의 반역자, 從北(종북)세력의 괴수 김정일이 17일 현지 지도 중 사망했다. 이날은 한반도 左翼(좌익)세력의 멸망이 시작되는 날이다. 독재자 김정일을 우리 민족의 손으로 단죄하지 못한 것이 천추의 恨(한)이다. 이 恨을 從北세력 斷罪(단죄)로 풀어야 할 것이다. 2011년은 카다피, 무바라크, 알리, 살레, 빈 라덴 등 독재자들과 테러범의 죽음과 퇴장이 이어진 한 해였다. 김정일이 저지른 테러로 숨진 분들의 冥福(명복)을 빈다.

2. '偉首金同(위수김동)', '親指金同(친지김동)'을 외치며 김일성-김정일 정권에 충성을 맹세하며 祖國(조국)을 배신해 온 從北세력은 이제 괴수가 죽었으니 魂(혼)이 빠진 존재가 됐다. 從北세력은 이제 애송이 김정은에게 충성을 맹세할 셈인가? 從北세력은 대한민국의 넓은 품 안으로 돌아오라! 인생 망치기 전에 과거의 잘못을 반성-고백하고, 국민의 용서를 받을 것을 慫慂(종용)한다.

3. 政府(정부)와 與黨(여당)은 독재자의 죽음에 弔意(조의)-弔問(조문)을 표해서는 안 된다. 從北세력이 北으로 弔問간다 해도 절대 不許(불허)해야 한다. 유대인들이 히틀러가 자살했다는 소식을 듣고 만세를 불렀겠는가, 弔意를 표했겠는가? 역사적 순간에 맞는 역사적 담화가 나와야 한다.

4. 김정일 독재 잔당들은 정신병자 같은 집단이다. 그들은 굶주린 북한 주민들에게 박수와 환호를 받으려고 김정일을 위해 봉사해 왔다. 그러나 김정일은 이제 이 세상에 없다. 공산체제는 절대 권력자가 죽은 뒤 변화가 시작됐다. 스탈린이 죽은 뒤 흐루시초프에 의해, 毛澤東(모택동)이 죽은 뒤 鄧小平(등소평)에 의해 소련과 중국은 본질적 변화를 겪었다. 북한에서도 大動亂(대동란)의 시대가 시작될 것이다. 북한 체제의 變化(변화)−開放化(개방화)와 自由化(자유화)는 이제 피할 수 없는 대세가 될 것이다. 김정일의 독재 탄압 속에서 신음하는 북한 주민들은 일제히 궐기하여 남은 김정일 독재 잔당들을 몰아내는 民主化(민주화)의 물결을 일으켜 自由를 쟁취해야 할 것이다.

5. 愛國(애국)세력은 국민 앞에 從北세력의 실체를 폭로해야 한다. 누가 愛國세력이고 누가 賣國(매국)세력인지 설명하고 설득해야 한다. 북한 독재정권 편이 아니면 대한민국 편이다. 反逆(반역)인가, 愛國인가를 결판 내고 대한민국이 망하는가, 흥하는가를 결정짓는 대결을 앞두고 모든 愛國세력은 단결 − 협력하여 從北세력을 한반도에서 몰아내자. 우리가 가진 모든 자원을 총동원하여 싸워야 한다. 돈 있는 사람은 돈으로, 건강한 사람은 손발로, 지혜 있는 사람은 머리로써 싸우자. 젊은 세대와 생활인들이 愛國에 동참할 수 있도록 그들을 설득하고 깨우치자!

6. 대한민국 憲法(헌법)은 '북한노동당 정권의 평화적 해체'에 의한 自由統一을 국가의지와 국가목표로서 명시하고 있다. 憲法 제1조는 '대한민국은 민주공화국이다'고 선언하고, 憲法 제3조는 '대한민국의 영토는 한반도와 그 附屬島嶼(부속도서)로 한다'고 못 박음으로써 북한지역도 민주공화국이어야 한다는 국가 의지를 확실히 했다. 憲法 제4조는 '자유민주적 기본질서에 입각한 평화적 통일정책'을 추진하라고 명령했다. 대한민국 憲法 1조, 3조, 4조는 한반도의 현실을 정확하게 반영하면서 우리가 나아가야

할 목표를 올바르게 제시하고 있다.

　7. 대한민국은 경제력에서 북한보다 200배나 앞서 있다. 自由統一과 一流國家(일류국가) 건설의 꿈이 있고, 그 꿈을 이룰 힘이 있는 民族(민족)은 행복하다. 문제는 勇氣(용기)이다. 이 변화의 주인공은 북한 동포들, 그리고 自由(자유)와 平和(평화)를 사랑하는 대한민국 國民(국민)이다. 自由統一과 一流國家 건설은 우리시대 最優先(최우선) 과제이다. 統一(통일)되고 繁榮(번영)하고 强力(강력)하고 自由(자유)로운 나라를 만들어 나가자!

2012/03

從北세력은 계급혁명이 끝난 남한에서 장난치지 말고, 北으로 올라가 3代세습 정권을 타도하는 진짜 계급혁명을 일으켜 영혼을 구제받으라!

민족반역자 김정일을 우리 손으로 *斷罪*(단죄)하지 못한 恨(한)을 자유통일로 풀자!

●700만 명을 죽음으로 몰고 간 민족반역자 김일성·김정일 父子(부자)를 斷罪하지 못하고 제 命(명)대로 죽게 한 것은 우리 민족의 수치이자 천추의 恨이다. 우리는 從北(종북)세력을 제거, 북한 독재정권을 해체, 자유통일을 쟁취, 북한동포를 해방함으로써 이 수치를 씻어야 할 것이다.

●무자비한 학살과 압제로 북한동포의 평균수명을 남한사람보다 16년, 남자 평균키를 남한보다 17cm나 단축시킨 자. 도시 미관을 해친다고 장애인들을 평양에서 추방한 도살자 김정일. 그의 죽음을 逝去(서거)니 急逝(급서)라 하고, 조문·애도한 이들은 대한민국이 망하지 않는 한 절대 용서받지 못할 것이다. 히틀러의 죽음을 유대인이 애도하고 이토 히로부미(伊藤博文)의 죽음에 조선인이 조문하는 것과 같은 망발이 아닌가.

●미국의 〈뉴욕타임스〉는 '독재자 김정일 急死(급사)'란 제목을 달고, 영국의 〈이코노미스트〉는 '김정일이 自然死(자연사)한 것은 모든 正義(정의)로운 이들의 유감이다'라고 보도하였다. 한국의 주요언론은 '독재자'란 표현도 못 하고 '국방파괴자의 죽음'을 '국방위원장의 사망'으로 미화하였다.

●이제 從北분자들도 제정신을 차릴 때이다. 계급혁명이 벌써 끝난 대한민국인데, '민중이 주인이 되는 사회를 만들겠다'는 헛소리를 집어치우고, 북한으로 올라가 3代세습 김정은 정권을 상대로 진짜 계급혁명을 해야 할 것이다.

●대한민국은 근대화 혁명이 성공하여 특권계급이 타파된 나라이다. 건국 대통령은 기독교인이었고 그를 몰아낸 이들은 학생이었다. 고려 무신란 이후 800년 만에 처음으로 군사혁명이 일어나 貧農(빈농) 출신 군인이 대통령이 되었다. 신분혁명이 일어난 것이다. 漁民(어민) 집안 출신도 대통령이 되었다. 호남 출신도 대통령이 되었다. 6·25 때 양민을 학살한 이의 高卒(고졸) 사위도 대통령으로 뽑혔다. 士農工商(사농공상)의 신분 사회에서 천시 당하던 商人(상인) 출신도 대통령이 되었다. 한국은 전면적인 계급혁명, 신분혁명, 가치관의 혁명으로써 평등사회를 구현하였다. '진정한 계급혁명'이 성공한 곳은 대한민국이다.

●정작 계급혁명이 필요한 곳은 북한이다. 계급혁명이 착수되지도 않은 봉건체제이다. 從北분자들은 계급혁명이 성공한 남한에서 시대착오적 계급투쟁 전술로 정권을 잡을 생각은 접고 북으로 올라가, 김정은을 상대로 민주화와 인간해방을 추구하는 혁명운동을 벌여라. 이는 번지수를 한참 잘못 찾은 좌익들이 영혼을 구제받을 수 있는 유일한 길이다.

국민 여러분, 새해 복 많이 받으시고 2012년을 진실·정의·자유가 승리하는 한 해로 만듭시다!

KBS는 공산주의자 '정율성'을 美化(미화)한 방송책임자를 파면하라!

6 · 25전쟁에 개입해 김일성을 도운 모택동을 찬양하는 노래를 바친 인물이 바로 정율성이다.

지난 일요일(1월15일) KBS1은 〈KBS스페셜〉 프로그램을 통해 공산주의자 정율성을 미화한 방송을 내보냈다. 방송 자막의 KBS 마크만 없다면 조선노동당 평양방송이라 해도 무방할 정도다. 모택동 추종자를 찬양하는 KBS를 국민과 역사의 이름으로 규탄한다.

정율성이 만든 대표적 노래는 중국 공산당 '인민해방군가'와 북한 인민군 '조선인민군 행진곡'이다. 자유 대한민국과 민족에 총부리를 겨누고 피 흘리게 만든 노래들이다. 한마디로 反민족 · 反국가적 노래를 만든 '정율성'을 〈KBS스페셜〉이 찬양한 것이다.

KBS는 정율성을 대단한 항일운동가인 것처럼 묘사했다. 정율성은 모택동의 팔로군과 함께 중국공산혁명을 위해 싸운 인물이지 抗日(항일)운동과는 거리가 멀다. 공산혁명가를 독립운동가로 묘사하는 것은 한마디로 言語道斷(언어도단)이다.

'조선인민군가'는 정율성이 1949년에 직접 북한에 들어가 만든 노래다. 정율성의 노래들은 대부분 모택동 군대를 위한 것으로 행진가와 군가가 많다.

1월15일자 〈KBS스페셜〉은 정율성이 만든 '연안송'에 대해서도 극찬했다. 중국공산당의 근거지였던 중국 '연안'에서의 공산당 활동을 찬양하는 내용을 담고 있는 노래다. 내레이터는 당시 중국인들이 '연안송'을 들으면 모두가 '연안'으로 달려갈 만큼 감동적인 노래라고 설명했다.

정율성은 중국의 암울했던 시기인 '문화혁명' 때도 모택동을 찬양하는 '모택동 시조' 20편을 상납한 모택동주의자이다. 6 · 25전쟁에 개입해 김일성을 도운 모택동을 찬양하는 노래를 바친 인물이 바로 정율성이다. 그런 정율성을 찬양한 KBS가 과연 국민의 방송이라고 떠들 수 있는가? 이런 방송에 국민이 시청료를 내는 것이 옳은가?

KBS는 공영방송의 이름으로 국가와 민족의 영혼에 칼을 꽂은 방송책임자를 즉각 파면하라!

정율성 방송에 대한 KBS의 사후 수습은 KBS 정상화의 시금석이 될 것이다. 우리 국민행동본부는 대한민국을 사랑하는 애국시민들과 함께 이 문제를 끝까지 추궁할 것이다.

※ 〈KBS스페셜〉 시청자 게시판
http://www.kbs.co.kr/1tv/sisa/kbsspecial/bbs/index.html

※ 항의전화합시다!
KBS (02)781-2811~6

이 '13억 돈상자'의 주인은 누구인가?

검찰과 언론은 '노무현 딸의 돈이다'는 주장을 _檢證(검증)하라!_

● 〈月刊朝鮮〉 2월호는, 2009년 1월12일 이균호씨가 휴대폰으로 찍은 '13억 원 돈상자' 사진을 게재하고, 李씨 형제가 '이 돈은 노정연(노무현 전 대통령 딸)씨가 미국의 경연희(정연씨에게 미국 아파트를 판 사람)씨에게 보낸 것이다'고 주장했다는 기사를 실었다. 이균호씨는 '마스크와 선글라스로 얼굴을 가린' 인물로부터 이 돈상자 일곱 개를 받아 경연희씨가 지정한 인물에게 100만 달러 송금용으로 넘겨주면서 사진을 찍어 두었다고 증언하였고, 그의 형은 자신이 '환치기' 방식의 송금에 관여하였다 했다.

● 李씨 형제는 2010년 9월부터 이런 주장을 공개적으로 하면서 수사를 촉구하였고, 〈일요신문〉 등이 상세히 보도하였으나 다른 언론과 검찰은 이를 묵살하였다. 조현오 경찰청장이 제기했던 '노무현 차명계좌' 주장과 관련된 수사도 오리무중이다.

● '13억 원 돈상자' 사건은 2009년 노무현 비자금 수사선상에도 오르지 않았던 새로운 혐의이다. 13억 원이 노정연씨의 돈이 맞다면 자금 출처에 대한 중대한 문제가 제기된다.

● 정치권이 '300만 원 돈봉투' 사건으로 시끄러운데, 검찰과 언론이 '13억 원 돈상자' 사건을 덮고 넘어갈 수는 없을 것이다.

● 노무현 비자금 사건처럼, 수사대상자가 자살하였다고 다른 관련자들에 대하여도 수사를 중단하고, 더구나 수사 자료까지 비밀에 부친 것은 法

治(법치)국가에서는 있을 수 없는 일이다. 국가의 法益(법익)을 수호해야 하는 검찰 수사는 결과를 알고 싶은 사람들끼리만 돌려보는 흥신소의 조사가 아니기 때문이다. 특히 노무현 세력의 政界(정계) 복귀는 노무현 비자금 수사기록의 공개를 요구한다.

●검찰은 '13억 돈상자'의 주인이 누구인지 밝혀내고 국민들에게 이를 보고하라!

※한국시민단체협의회와 공동으로 오는 26일(木) 오후 2시 대검찰청 앞에서 '노무현 비자금 수사 촉구' 기자회견을 갖습니다.

'300만 원 돈봉투'는 까고, '13억 돈상자'는 덮는 언론에 경고한다!

이회창 아들 병역에 대한 거짓선동은 집중적으로 보도하고, 박원순 아들 병역 의혹엔 침묵하면서 13억 돈상자 사건을 계속해서 묵살하는 언론기관에 대하여는 언론자유침해 사례로서 국제언론기구에 고발할 것임을 경고한다. 좌파의 거짓선동은 크게 써주고 좌파의 의혹은 묵살하는 한국 언론 때문에 한국의 어린 민주주의가 추행당하고 있다.

국민행동본부는 1월26일 대검찰청 앞에서 기자회견을 갖고 노무현 전 대통령의 딸 노정연씨로부터 나왔다는 '13억 원 돈상자' 의혹의 수사를 촉구하는 한편 검찰에 수사의뢰서를 제출하였다. 수사 의뢰서엔 노정연씨에게 송금을 요구하였다는 경연희씨가 미국 폭스우즈 카지노에서 880만 달러를 도박으로 잃었다는 전산자료가 첨부되었다. 대통령 부인 권양숙씨가 대통령 전용기에 100만 달러가 든 가방을 싣고 미국에 가서 가족에게 전달하였다는 의혹에 대한 수사 요청도 들어 있다. 13억 원을 받은 사람이 휴대전화로 찍어둔 돈상자 사진도 첨부하였다. 송금 관련자들은 實名(실명)으로 증언하고 있으며 수사에 협조하겠다고 한다. 그런데 참으로 희한한 일이 벌어지고 있다. 조선, 동아, 중앙일보, 4大 종편 TV, KBS, MBC, SBS, 연합뉴스 등 이른바 主流(주류) 언론이 이 사건을 묵살하고 있다. 기자들이 담합을 한 듯 기사 한 줄 쓰지 않는다.

무소속 강용석 의원이 끈질기게 제기하는 박원순 서울시장 아들의 兵

役(병역) 의혹은 인터넷 세상에선 가장 관심 있는 기사이다. 그런데 이른바 主流언론이 이를 묵살하거나 보도하더라도 형식적으로 스쳐간다. 한국 언론은 나중에 허위폭로로 밝혀졌던 2002년 이회창 후보 아들에 대한 김대업의 의혹제기에 대하여는 연일 크게 보도하였었다. 이런 폭풍 보도는 李후보의 낙선에 크게 기여(?)하였다. 이회창씨는 공군 장교 출신이지만, 박원순 시장은 이상한 입양으로 현역복무를 면제 받았다고 하여 의혹에 휩싸인 적이 있다. 그런 사람의 아들까지 또 병역과 관련하여 의혹의 대상이 되었으니 당연히 뉴스가치가 크다. 그럼에도 言論(언론)은 사실상 의혹 보도를 묵살, 박원순 시장에게 비굴한 서비스를 하고 있다.

주류언론의 이런 '뉴스 지우기'는 언론에 대한 반역일 뿐 아니라 시청자와 독자에 대한 배신이다. 시청자(KBS의 경우)와 독자는 돈을 주고 뉴스를 사서 본다. 언론기관이 돈을 받고도 소비자에게 정당한 가치, 즉 뉴스를 제공하지 않는다면 이는 불공정 거래이고 背任(배임)행위이다. 13억 돈상자 사건을 제기한 국민행동본부와 한국시민단체협의회는, 계속해서 13억 돈상자 사건을 묵살하는 언론기관에 대하여는 국제언론기구에 고발할 것임을 경고한다. 좌파에 겁을 먹고, 좌파의 선동은 크게 써주고, 우파의 의혹은 과장하고, 좌파의 잘못은 덮어주는 언론 때문에 從北(종북)이 득세, 한국의 어린 민주주의가 추행당하고 있다. 〈뉴욕타임스〉는 '독재자 김정일 急死(급사)'라고 제목을 달았는데, 한국 언론은 미라가 된 그에게 지금도 '국방위원장'이라고 하지 않나? 부끄럼을 알라!

조갑제 기자 강용석 의원의
對국민 보고회로 모입시다 !

벌써 親盧(친노)세력에 겁을 먹었나? 검찰이 '13억 돈상자' 수사에
착수하여도 기사 한 줄 안 쓰는 7大 언론을 고발한다!

1. 지난 1월26일 국민행동본부 서정갑 회장과 한국시민단체협의회는 기자회견을 갖고 13억 돈상자 사진과 함께 수사의뢰서를 검찰에 제출, '이 돈이 노무현 전 대통령의 딸로부터 나왔다는 밀반출 관련자들의 주장에 대한 조사, 경연희(미국에서 노무현 딸에게 콘도를 판 在美동포)의 도박 자금원 및 송금과정 수사, 대통령 부인 권양숙씨가 대통령 전용기에 100만 달러 가방을 싣고 가 國賓(국빈)특권을 이용, 在美가족에게 전했다는 의혹 등을 조사하여, 의법처리해 줄 것'을 요청하였고, 大檢(대검)은 다음 날 중앙수사 1과에 사건을 배당하였습니다.

2. 그럼에도 연합뉴스, KBS, MBC, SBS, 3大 신문 등 7大 메이저 언론사는 2008년의 '300만 원 돈봉투 사건'은 대서특필하면서 2009년의 '13억 돈상자 사건'은 기사 한 줄 쓰지 않고 있습니다. 과거 권위주의 정권 시절에도 없었던 사실 은폐입니다. 여당과 정부는 마음대로 공격하면서, 親盧—종북—좌파세력의 의혹을 덮어주는 기자들은, 선배들이 쟁취한 언론자유를 팔아넘기고 있습니다.

3. 강용석 의원이 끈질기게 제기하고 있는 박원순 서울시장 아들의 兵役(병역)면제 의혹에 대하여도 主流(주류) 언론은 철저히 은폐하거나 축소

보도를 자행하고 있습니다. 이회창 후보 아들의 병역에 대한 김대업의 허위 폭로는 집중적으로 소개해 주던 언론이 좌파 인사 앞에만 서면 고분고분해집니다. 한국 언론은 미라가 된 김정일에게 아직도 '국방위원장'이란 존칭을 붙여주는 지경으로까지 타락하였습니다[〈뉴욕타임스〉는 '독재자 김정일 急死(급사)'라고 보도].

4. 인터넷에선 널리 보도되고 있는 기사를 메이저 언론에선 묵살하니 시청자와 독자들만 우롱당하고 있습니다. 언론 소비자들이 들고 일어나 눈과 귀를 막는 주류 언론의 담합과 기자들의 背任(배임)행위를 고발해야 합니다. 비뚤어진 이념에 물들어 거짓과 선동을 키우고, 사실을 덮고 지우는 기자들이, 국민들의 분별력을 망가뜨리고, 사회를 저질화시키고, 공동체를 해체해 가고 있습니다.

이런 언론은 자유를 누릴 자격이 없습니다. 국민들이 침묵하면 좌경언론이 좌익독재를 부를 것입니다. 언론 좌경화 대책을 강구합시다! 대한민국 만세! 국군 만세! 자유통일 만세!

※對국민보고회 참석자들에게 '13억 돈상자 사진'을 기념으로 드립니다.
※오는 2월16일(목) 오후 2시 서울 프레스센터 20층에서 언론이 은폐, 축소한 '13억 돈상자 사건'과 '박원순 서울시장 아들 兵役 의혹 사건'에 대한 對국민보고회가 있습니다. 조갑제 기자와 강용석 의원이 나옵니다.

"문제는 安保야, 이 바보들아!"

*선거 때 가장 큰 쟁점이 되어야 할 것은 '北의 核(핵)미사일實戰(실전)배치'
문제이다. 서울核안보정상회의에 즈음하여 안보에 무관심한 與野(여야)의
각성을 촉구한다.*

오는 3월26~27일 열리는 서울 核安保頂上(핵안보정상)회의의 개최를
환영하며 北核(북핵) 문제에 대한 정치권의 무관심을 개탄한다. 북한정권
이 두 차례 핵실험으로 확보한 기술을 발전시켜 핵폭탄을 소형화, 이를 미
사일에 장착, 實戰배치, 한국의 생존을 위협하는 '운명의 날'이 다가오는데
도 與野는 선거에만 집착, 이 문제를 철저히 외면하고 있다.

좌파정권 10년간 對北(대북)퍼주기로 北核 개발을 도와준 從北(종북)
세력은 정권을 잡으면 韓美(한미)FTA를 무효화시키겠다고 하는데 이는
韓美동맹 해체-核우산 철거-核무장한 북한정권의 인질화-赤化(적화)
통일로 가는 길을 열게 될 것이다. 이들은 민족공멸의 北核을 자신들의
정치적 자산으로 간주하면서 평화적 核인 원자력 발전엔 반대한다. 안보
제1주의 노선을 취해야 할 새누리당은 좌파와 획일적 복지 경쟁을 벌이
면서 '일자리, 복지, 경제민주화' 공약만 할 뿐 核미사일 實戰 배치 문제엔
관심도 없다.

北이 비록 경제적으로는 불리하지만 한국이 갖지 못한 두 가지 전략무
기-核폭탄과 從北세력을 갖고 있음을 잊어선 안 된다. 그들은, 이 두 개의
神器(신기)를 결합하면 한국을 적화통일할 수 있다고 확신하므로, 시간이

자기들 편이라고 믿고서 버티는 것이다.

〈우리는 最惡(최악)의 시나리오를 써야 한다. 북한군이 기습남침 漢水 (한수, 한강) 이북의 서울을 포위, '현위치 휴전'을 제의한다. 거부하면 핵무기를 쓰겠다고 선언하고 미국에 대하여도 개입하면 뉴욕을 核미사일로 공격하겠다고 협박한다. 北의 지령을 받은 종북세력은 일제히 들고 일어나 '어떤 전쟁보다도 평화가 소중하다'면서 현위치 휴전을 받아들이자고 선동한다. 그런 상황에서, 더구나 포위된 가운데 한국 정부가 決死抗戰(결사항전)을 결심할 것인가. 아니면 현위치 휴전을 수용, 사실상 항복의 길을 택할 것인가. 안보를 잊은 지금 정치권 같으면 항복할 것이 틀림없다〉

敵(적)이 핵폭탄을 보유하고 있는데도 자위적 핵개발 이야기가 나오지 않는 세계 유일의 나라가 한국이라고 한다. 敵이 핵실험을 한 그 순간에 韓美연합사 해체를 결정, 대응태세를 허문 것은 노무현 정권이었다. 우리도 핵무기를 개발하든지, 이스라엘식으로 北核 시설을 폭격하든지, 철수한 미국의 전술핵무기를 재배치, 공동사용권을 갖든지 해야 자유와 번영을 지킬 수 있다.

나라를 걱정하는 국민들이 뜻을 모아 서울 核安保정상회의에 쏠린 세계의 관심을 이용, 전쟁범죄자인 북한정권의 핵무장을 반드시 저지할 것임을 다짐하자! 각 정당은 核미사일 實戰배치에 대한 입장을 밝혀라.

"문제는 安保야, 이 바보들아!"

애국투쟁통계일지

국민행동본부 애국투쟁 통계 (2000.2.1~2012.3.14)			
구분	의견광고(건/회)	집회 및 기자회견(동원인원:명)	자유풍선
2001	9건(14회)	–	–
2002	26건(38회)	–	–
2003	28건(34회)	14회(30만)	–
2004	36건(78회)	24회(80만)	–
2005	25건(99회)	19회(20만)	–
2006	48건(82회)	14회(14만)	–
2007	43건(108회)	20회(30만)	–
2008	37건(76회)	23회(15만)	–
2009	21건(40회)	19회(18만)	–
2010	42건(54회)	46회(14만)	6회(2010만 장)
2011	34건(51회)	20회(13만)	8회(1584만 장)
2012	7건(10회)	2회(–)	–
누계	356건(684회)	201회(234만)	14회(3594만 장)

주요일지

2003년

일자	제목	장소
03.3.1 14:00	「반핵반김자유통일 3 · 1절국민대회」	서울시청
03.4.1 19:00	「인륜을 모르는 전교조 교사들에게 우리의 아들, 딸을 맡길 수는 없다」 참스승 서승목 교장 추모제	시민 열린공원
03.4.19 14:00	청년들이 일어나 조국을 수호하자! 「반핵 · 반김 자유통일 4 · 19 청년대회」	시민 열린공원
03.6.21 17:00	김대중을 비호하는 자는 국가반역을 비호하고 대한민국에 반대하는 자이다	서울시청 광장
03.8.29 16:00	「북한 기자 대구만행 규탄대회」	광화문 앞 열린시민마당

03.10.10 14:00	「보지 말자 KBS, 내지 말자 시청료!」 거물간첩혐의자(송두율)를 민주인사라고 미화한 친북어용 방송 KBS시청료 거부 국민궐기대회	여의도 한나라당사 앞 광장
03.10.15 14:00	「이라크 파병지지 · 송두율 규탄 범국민 궐기대회」 지금 우리나라는 침묵하는 우국보다 행동하는 애국을 요구하고 있습니다.	용산기념관 광장
03.11.21 14:00	「부산지역 대강연회」 국민을 속인 김대중을 반드시 법정에 세워 정의를 구현하자!	부산한국자유총연맹 대강당
03.12.4 18:30	국민은 겁쟁이 군대를 원치 않습니다. 국민은 이라크 파병을 위해 이런 대통령을 원합니다!	강동구 명일동 다래 부페

2004년		
일자	**제목**	**장소**
04.3.1 15:00	「친북좌익척결 · 부패추방 3 · 1절 국민대회」	서울시청 광장
04.3.10 14:00	「선관위결정지지 · 헌법수호 · 노무현탄핵촉구 국민대회」	여의도 한나라당사 앞
04.3.27 18:00	「노무현 탄핵지지 집회」	광화문 동화면세점 앞
04.6.29 15:00	「천도 반대 궐기대회」	서울시청 광장
04.7.23 14:00	「국민격려 국민대회」—대통령 직속의 간첩 전과자가 군사령관을 조사해도 말리는 사람이 없는 세상!	광화문 네거리
04.8.6 14:00	「국민협박 노무현 정권규탄 국민대회」	광화문 네거리
04.8.15 16:00	「대한민국 건국 56주년 국민통합 대축제」	서울시청 광장
04.8.27 16:00	「노정권의 경제파탄 애국탄합규탄 대회」	광화문 네거리
04.9.18 14:00	「국보법사수 국민행동 대회」	광화문 네거리
04.10.4. 16:00	「국보법사수 국민대회」	서울시청 광장
04.10.28 15:00	「수도이전반대 범국민 궐기대회」	서울시청 광장
04.11.11 15:00	「4대악법 저지 국민행동대회」	광화문 동화면세점 앞
04.12.4 14:00	「4대악법 저지 전국민궐기대회」	광화문 동화면세점 앞

2005년

일 자	제 목	장 소
05.2.15 15:00	「호주제 수호 국민대회」	종묘공원
05.2.20 15:00	「국민총궐기 대회」 국가보안법사수, 사학법 개악 반대	여의도 국회 앞 국민은행
05.3.1 14:00	「북한해방 3 · 1국민대회」	서울시청 광장
05.5.20 14:00	「북핵심판 국민행동대회」	광화문
05.6.15 14:00	「6 · 15 반역선언 규탄 국민행동대회」	서울역 광장
05.7.15 14:00	「맥아더 동상 지키기 기자회견」	서울역 광장/ 인천맥아더 동상 앞
05.8.15 12:00	「대한민국 정통세력 광복 60주년 국민대회」	서울역 광장
05.10.4 16:00	「구국기도회 및 국보법사수 국민대회」	대학로
05.10.18 14:00	「납세자 궐기 국민대회」	서울역 광장
05.11.11 15:00	「반미욕설 패륜집단 전교조 심판궐기대회」	부산역 광장
05.12.10 17:30	「북한인권과 종교자유를 위한 촛불 기도회」	광화문/서울시청 광장
05.12.28 15:00	「사학법을 개정하여 반미 · 친북 · 적화교육을 획책하는 노무현 정권 몰아내자」	프레스센터 20층

2006년

일 자	제 목	장 소
06.3.1 14:00	「연방제 적화음모 저지 3 · 1절 국민대회」	서울역 광장
06.3.21 14:00	「공산폭력 혁명음모를 민주화운동으로 인정한 노정권은 남로당 정권인가?」 강연회(강사: 이장춘, 김성욱)	한국교회 100주년기념관 대강당
06.4.18 19:00	「김대중의 정체(책)」가 역사를 바꾸고 있습니다. 강연회(강사: 전여옥, 조갑제)	한국교회100주년 기념관 대강당
06.5.18 14:00	「좌익폭동진압 국군 격려 국민대회」	장충체육관
06.5.20 14:00	「미군기지 이전 지지 궐기대회」	평택 K−6 미군기지 앞
06.6.15 14:00	「간첩세상」을 만든 대통령을 파면합시다! 강연회 (강사: 전여옥, 조갑제, 김성욱)	서울역 광장
06.7.12 14:00	「한미 FTA추진 지지 국민대회」	종로5가 제일은행 앞

06.7.20 14:00	「노무현 대통령에게 하야를 권합니다」 강연회(강사: 김동길, 조갑제, 김성욱)	한국교회100주년 기념관 대강당
06.8.11 15:00	「한미동맹 파괴 공작규탄 8·11 국민대회」	서울역 광장
06.9.8 15:00	「대 노무현 최후통첩 100만 국민 궐기대회」	서울시청 광장
06.10.13 14:00	「노무현고발−퇴진촉구 1000만 서명 국민대회」	서울시청 광장
06.11.10 14:00	「핵개발 공범인 이적대통령 노무현 고발 및 퇴진촉구부산대회」 강연회(강사: 김동길, 김광일, 조갑제, 민병돈)	부산역 광장
06.8.11 15:00	「〈간첩비호〉 노무현 고발·퇴진 국민대회」	서울역 광장

2007년

일 자	제 목	장 소
07.3.1 14:00	「대한민국 지키기 친북반미 좌파종식 3·1국민대회」	서울시청 광장
07.2.28 14:00	「북핵폐기 북한해방촉구 국민대회」	종묘공원
07.6.6 14:00	「호국기도회 북핵폐기 자유민주통일 국민대회」	서울시청 광장
07.6.14 10:00	「6·15 반역선언 폐기 촉구 기자회견 및 특별강연」	프레스센터 19층
07.6.25 15:00	「공산당에 의한 6·25 대학살 폭로 국민대회」	서울시청 광장
07.10.24 14:00	「UN 창설 62주년 기념 10·24 국민대회」	서울시청 광장
07.9.28 11:00	「노무현정권 북한군 침략사건 조작음모 진상규명 기자회견」	프레스센터 19층
07.9.15 10:00	「평양회담의 거짓평화, 영토표기, 헌법파괴를 저지하기 위한 9·15 자유 대행진」	용산전쟁기념관
07.10.3 14:00	「흔들리는 대한민국을 바로세우기 위한 개천절 국민대회」	서울역 광장
07.11.6 14:00	「NLL 사수 국민대회」	서울시청 광장
07.12.17 14:00	「친북좌파종식 국민승리대회」	서울역 광장

2008년

일 자	제 목	장 소
08.1.11 18:00	「〈싸웠다 그리고 이겼다〉 출판 기념회」 강연회(강사: 조갑제)	세종문화회관 세종홀
08.1.26 14:00	「2007대선과 2008총선의 역사적 의미」 시국강연회(강사: 조갑제)	부산일보 강당
08.2.20 14:00	「대통령 노무현 국가반역 혐의 고발 설명회」	프레스센터 19층
08.3.29 14:00	「4월 총선전망」	부산일보 강당
08.5.14 14:00	「'광우병선동 센터' KBS–MBC 규탄 국민대회」	프레스센터 20층
08.6.10 15:00	「법질서 수호 FTA비준 촉구 국민대회」	서울시청 광장
08.6.26 14:00	「예비군복 입은 정체불명의 폭도들을 검거하라! MBC의 광우선동 방송을 철저히 수사하라!」	용산전우회관 그랜드볼룸
08.7.15 14:00	「MBC 방송허가 취소 국민행동」 전국순회강연회	용산전쟁기념관 뮤지엄홀
08.7.17 14:00	「MBC 방송허가 취소 국민행동」 전국순회강연회	대전 향군회관강당
08.7.26 14:00	「MBC 방송허가 취소 국민행동」 전국순회강연회	부산일보사 대강당
08.7.18 17:00	「금강산 만행규탄 집회(문화제) 및 국민 대토론회」	서울 청계천 광장
08.8.5 18:00	「부시 방한환영 한미우호 문화축제」	서울 청계천 광장
08.8.6 15:00	「MBC 방송허가 취소 국민행동」 전국순회강연회	울진 청소년수련관
08.8.15 11:00	「이승만 건국 대통령에 대한 국민감사 한마당 행사」	서울 청계천 광장
08.11.25 11:30	「통일부 규탄 기자회견」	광화문 정부종합청사 후문
08.12.19 14:00	「정권교체는 과연 되었는가」	프레스센터 20층

2009년

일 자	제 목	장 소
09.3.25 14:00	「국민행동본부 애국기동단 발대식」	프레스센터 20층
09.4.7 14:00	「북핵–미사일개발지원 김대중 규탄 기자회견」	동교동 김대중도서관 앞

09.4.27 14:00	「〈대한민국의 주적〉 노무현 단죄 결의 국민궐기대회」	장충체육관
09.4.30 13:30	「노무현 구속촉구 가두기자회견」	서울대검찰청 앞
09.6.9 14:00	「용기와 희망을 주는 자유투사 김동길 · 조갑제 · 김성욱」 전국순회강연회	한국교회 100주년기념관
09.6.24 14:00	「김대중 이적행위 규탄 국민 총궐대회」	서울역 광장
09.7.7 14:00	「용기와 희망을 주는 자유투사 김동길 · 조갑제 · 김성욱」 전국순회강연회	부산KT정보통신센터 6층
09.7.10 14:00	「용기와 희망을 주는 자유투사 김동길 · 조갑제 · 김성욱」 전국순회강연회	용인문화예술회관
09.7.15 14:00	「용기와 희망을 주는 자유투사 김동길 · 조갑제 · 김성욱」 전국순회강연회	대전시청 대강당
09.7.22 15:00	「용기와 희망을 주는 자유투사 김동길 · 조갑제 · 김성욱」 전국순회강연회	대구시민회관
09.9.9 14:00	「용기와 희망을 주는 자유투사 김동길 · 조갑제 · 김성욱」 전국순회강연회	춘천 베어스타운관광 호텔
09.9.17 14:00	「용기와 희망을 주는 자유투사 김동길 · 조갑제 · 김성욱」 전국순회강연회	울산 종하체육관
09.9.28 14:00	「용기와 희망을 주는 자유투사 김동길 · 조갑제 · 김성욱」 전국순회강연회	창원컨벤션센터 컨벤션홀
09.10.7 14:00	「용기와 희망을 주는 자유투사 김동길 · 조갑제 · 김성욱」 전국순회강연회	속초문화회관 대강당
09.10.17~23	서정갑 본부장 워싱턴 강연	미국 Knox교회
09.10.27 14:00	「용기와 희망을 주는 자유투사 김동길 · 조갑제 · 김성욱」 전국순회강연회	포항 문화복지동 대강당
09.10.28 14:00	「용기와 희망을 주는 자유투사 김동길 · 조갑제 · 김성욱」 전국순회강연회	용인시 여성회관 대강당

2010년

일 자	제 목	장 소
10.1.13 15:00	「국민행동본부 애국투쟁기: 法을 지키는 사람이 정의로운 사람이다」 출판기념회	세종문화회관 세종홀
10.3.1 14:00	「3 · 1운동 91주년 기념구국강연회」	서울 강남교회
10.3.27 17:00	「한미애국단체 연합 발대식」	미국LA..KOAM TV공개홀

10.4.8 14:00	「천안함사태 관련 긴급 강연회」	전쟁기념관웨딩홀
10.4.13 14:00	「천안함사태 관련 부산 강연회」	부산시민회관
10.4.15 14:00	「천안함사태 관련 대구 강연회」	대구시민회관
10.4.28 14:00	「천안함사태 관련 인천 강연회」	인천상륙작전기념관
10.5.14 14:00	「천안함전사자 추모 국민대회」	서울청계천 광장
10.5.27 14:00	「천안함 폭침 주범 김정일 응징 친북좌익 세력 척결 국민대회」	서울시청 광장
10.6.8 14:00	「애국탄압 이적비호 부정선거조장 선관위 규탄 국민대회」	프레스센터 20층
10.6.18 11:00	「친북장교 숙군 및 대북심리전 재개 촉구기자회견」	국방부 앞
10.7.19 11:00	「박인주 임명 철회촉구 기자회견」	프레스센터 19층
10.7.20 14:00	「천안함 폭침주범 김정일 규탄 대회」	천안시민문화여성회관
10.10.14 14:00	「故황장엽 선생 추모 및 김정은 3대 세습 규탄 국민대회」	기독교100주년 기념관
10.12.2 14:00	「武力보복 · 核무장촉구 국민대회」	기독교100주년 기념관

2011년

일자	제목	장소
11.01.14 14:00	「從北搏殺(종북박살)! 국민행동본부 출정식」	프레스센터 20층
11.02.16	「韓日연대 김정일 惡行 규탄대회」	도쿄 분쿄(文京)구민센터
11.02.23 15:00	「中東민주혁명지지 겸 北韓동포 봉기촉구 국민대회」	프레스센터 20층
11.03.01 14:00	「종북세력 척결 국민대회」	서울역 광장
11.03.29 14:00	「천안함 복수다짐北核무장 촉구 대전 국민대회」	대전시립연정국악원
11.04.28 14:00	「고등학교 한국사 교과서 분석 보고회」	프레스센터 20층
11.06.24 15:00	「단군 이래 최대非理 부산저축은행 사건 내막 보고대회」	부산역 광장
11.08.26 14:00	「민노당 해산 청원서 제출」 기자회견	과천정부청사
11.08.30 14:00	「'왕재산 간첩단' 철저히 수사 처벌촉구 국민대회」	장충체육관

11.09.02 14:00	「公敵1호 민노당 해산 '국민행동 2012' 출범식」	프레스센터 20층

2012년

일 자	제 목	장 소
12.01.26 14:00	「노무현 비자금 수사 촉구 기자회견」	대검찰청 청사 앞
12.02.16 14:00	「언론이 은폐한 '13억 돈상자', '박원순 서울시장 아들 병역의혹' 對국민 보고회」	프레스센터 20층

자유풍선 : 진실의 메시지 정의의 폭탄 투하

2010년

일 자	장 소	전단 투하 수량
10.6.23	철원백마고지	전단 30만 장
10.6.25	철원평야	전단 600만 장
10.7.29	화천평화의댐	전단 600만장
10.8.18	임진각(통일대교 부근)	전단 300만 장
10.9.15	강화도 평화전망대	전단 360만 장
10.12.23	임진각(제2주차장)	전단 120만 장

2011년

일 자	장 소	전단 투하 수량
11.04.06	임진강다리	자유풍선 10개(전단 60만 장)
11.04.14	연천군 돌무지무덤	자유풍선 50개(전단 300만 장)
11.05.03	신탄리GOP 근처	자유풍선 10개(전단 60만 장)
11.05.18	연천군 신탄리	자유풍선 30개(전단 180만 장)
11.06.21	연천군 민통선 부근	자유풍선 61개(전단 366만 장)
11.07.19	연천군 GOP 부근	자유풍선 10개(전단 60만 장)
11.08.12	연천군 돌무지무덤	자유풍선 63개(전단 378만 장)
11.10.8	연천군 태풍전망대	자유풍선 30개(전단 180만 장)

존경하는 안영진 재판장님께

법치구현을 위해 불철주야 헌신하시는 재판장님께 경의를 표합니다.

다름이 아니오라 대한민국을 사랑하는 저희 850만 향군회원들은 2004년 10월 4일 국가보안법死守(사수) 국민대회와 관련, 특수공무집행방해 치상죄로 기소된 서정갑 국민행동본부장 등에 대한 無罪(무죄) 탄원을 재판장님께 간곡히 호소하고자 합니다.

서정갑 본부장은 일평생 조국을 위해 봉사해 온 예비역 육군대령으로서 김대중, 노무현 前 대통령 집권 당시에는 이 나라의 자유민주주의를 지키기 위해 헌신한 愛國(애국)투사입니다.

피고인들의 기소요지는 경찰관의 불법폭력집회 진압에 관한 정당한 직무 집행을 방해하면서 경찰관을 상해하고 공용물건을 손상하고 경찰관의 해산명령에 불응했다는 것입니다. 그러나 당시 행사는 정치권의 국가보안법 폐지를 막으려는 시민들의 合法的(합법적) 시위였습니다. 강영훈 前 국무총리 등 국가 원로 20여 명이 공동대회장을 맡았고 재향군인회, 자유총연맹, 상이군경회, 한국기독교총연합 등 300여 개의 단체 관계자들과 일반 시민 20여 만 명이 참여했습니다. 한마디로 당시 행사는 국가 안위를 염려하는 수많은 국민들의 正當(정당)한 주장이었습니다.

당시 집회 참가자들과 경찰 사이에 다소 물리적 충돌이 발생했던 것이 사실입니다. 그러나 이는 경찰이 평화 집회보장이라는 약속을 깨뜨리고 물대포와 곤봉으로 밀어붙이고 구타까지 하는 등 강경한 진압을 하였기 때문에 이에 격분한 애국시민들이 가볍게 저항하고 욕설을 했을 뿐 흉기에 의한 폭력행동이나 경찰에게 상해를 가한 적은 없었습니다. 무엇보다 공동대회장도 아닌 실무자들에게 예측할 수 없는 물리적 충돌의 책임을 묻는 것은 不當(부당)한 것입니다.

서정갑 본부장 등은 집권세력의 反(반)헌법 행태가 극성할 때 대한민국을 지켜야 한다는 일념으로 모든 것을 바친 애국인사들입니다. 과거 정권은 내란선동죄, 내란미수죄, 내란이행선동죄 등 수많은 법리를 동원해 서정갑 본부장을 獄(옥)에 가두려 했으나 실패했습니다. 대한민국 헌법을 사수하고 법치를 존중해 온 선량한 시민입니다.

서정갑 본부장 같은 이들이 앞장서 자유민주주의를 수호하는 목소리가 없었다면 2004년에 집권세력 의도대로 국가보안법은 폐지됐을 것입니다. 그리고 지금쯤 북한에 密入北(밀입북)한 한상렬 같은 자들이 아무런 제재 없이 국가를 파괴하며 돌아다니고 있을 것입니다.

서정갑 본부장 등 애국인사들에게 표창과 격려는 해주지 못할망정 6년 전 애국운동 과정에서 빚어진 사소한 충돌을 이유로 처벌한다는 것은 일반인의 상식으론 도저히 받아들이기 어렵습니다.

서정갑 본부장은 2008년 10월21일 당시 어청수 경찰청장으로부터 감사장(첨부 1 감사장 사본)을 받기도 했습니다. 경찰의 날 63주년을 맞아 "지역사회발전에 헌신하고 노력했으며, 특히 경찰행정발전에 이바지한 공이 크다"는 것이 그 이유였습니다. 이는 서정갑 본부장이 특수공무집행방해 치상의 죄로 처벌받을 인물이 아님을 경찰 스스로 인정한 것이라고 판단됩니다.

또한 서정갑 본부장은 2010년, 연세대학교로부터 학교를 빛낸 훌륭한 同門(동문)으로 선정되어 '자랑스런 연세인상'을 수상한 인물입니다.

존경하는 재판장님,

서정갑 본부장은 군인으로서 일생을 조국을 위해 봉사했고 퇴역 이후에는 대한민국을 위해 몸과 마음을 바쳐왔습니다. 정상적인 국가라면 그에게 罰(벌)이 아니라 償(상)을 줘야 마땅합니다. 문제가 된 2004년 10월4일 국민대회 건 역시 마찬가지입니다.

존경하는 재판장님, 선처해 주십시오.

그리고 이 나라에 법치와 정의와 양심이 살아 있음을 보여주십시오. 대한민국 재향군인 850만 회원들은 재판장님의 명철한 판결을 기대합니다.

재판장님의 애국적 판단이 있으시기를 앙망합니다.

2010년 9월9일
대한민국재향군인회 회장 박세환 拜上

국민행동본부 徐貞甲 본부장의 無罪를 탄원한다!

愛國(애국)운동의 상징적 인물인 徐본부장에 대한 탄압은 이제 끝내야 한다. 그는 2004년 10월4일 국가보안법死守국민대회(以下 2004국민대회)에서 폭력 시위를 방조한 혐의(특수공무집행방해치상 등)로 몇몇 우파 인사들과 함께 지난 1월20일 징역 1년6월, 집행유예 2년을 선고받았고 現在(현재) 대법원의 최종판결을 기다리고 있다.

徐본부장 등에 대한 기소요지는 경찰관의 不法·暴力집회 진압에 관한 정당한 직무집행을 방해하고 경찰관을 傷害(상해)하며 공용물건을 損傷(손상)하고 경찰관의 해산명령에 불응했다는 것이다. 항소심 판사 역시 "2004년 10월4일 국가보안법死守국민대회는 국가보안법 폐지라는 정치적 입장에 근거하여 목적을 관철한 暴力的 집회였다"며 징역형을 선고했다.

그러나 10·4국민대회를 不法·暴力집회로 모는 것은 徐본부장뿐 아니라 참석한 30만 시민은 물론 대한민국의 주류층 전체에 대한 모욕이다. 이 대회는 노무현 정권의 국보법 폐지를 막으려는 시민들의 合法的이고 平和的인 시위였기 때문이다. 오히려 경찰은 '평화행진을 보장하겠다'는 약속을 깨뜨린 채 행진을 시작한 시민을 향해 물대포를 쏘아댔다. 경찰은 시위대 해산을 이유로 방패와 워커로 때렸고 이 과정에서 부상자가 속출했다.

약간의 충돌이 있었던 것은 사실이다. 몇몇 시민들은 경찰의 일방적인 폭력행사 앞에서 피켓, 물통, 깃발을 던지며 항의했다. 그러나 대부분 60

~70대 老人들인 시민들은 경찰에 傷害를 가할 수 있는 능력도, 상황도 아니었다. 경찰버스에 둘러싸인 시민들은 물대포를 맞아야 했고 버스 틈 사이에선 풋내기 전·의경들이 곤봉을 휘둘렀다. 당시 서울시청 옥상에서 취재 중이던 筆者는 권력의 시녀가 된 경찰의 행태에 분노했다.

주최 측 통제를 벗어난 우발적 충돌 몇 건을 가지고 10·4국민대회를 暴力집회로 모는 것은 어불성설이다. 법정에 증언자로 나온 이른바 '다쳤다'는 전경마저 "2004년 가을엔 워낙 시위가 많아서 내가 당한 폭행이 10·4국민대회에서였는지 알 수 없다"고 말할 정도였다. 실제 조선·동아일보 등 주요 일간지는 하나같이 "10만 명이 참가했지만 불상사는 없었다"고 보도했다. 만일 불상사가 있었다면 경찰 옆에 서 있다가 몇몇 노인들이 얻어맞은 일이었다.

무엇보다 부당한 것은 공동대회장도 아닌 徐본부장 같은 실무자들에게 책임을 묻는 것이다. 당시 행사는 강영훈 前 국무총리 등 국가 원로 20여 명이 공동대회장을 맡았고 재향군인회, 자유총연맹, 상이군경회, 한국기독교총연합 등 300여 개의 단체 관계자들이 이름을 걸었었다. 그러나 노무현 정권의 검찰은 오직 徐본부장 등만을 기소했다. 누가 봐도 反좌익·호국투쟁에 앞장서 온 徐본부장에 대한 표적수사였다. 어이없는 일은 2008년 4월, 이명박 정부의 검찰이 徐본부장 등에게 징역2년을 구형하고 1심·2심 판사 역시 좌파정권이 끼워 맞춘 공소장을 근거로 징역형을 선고한 것이다. 노무현 비자금 의혹은 수사도 하지 않는 검찰, 촛불난동자들은 모조리 풀어주는 법원이 愛國세력 벌주는 데는 온 힘을 쏟는 셈이다.

尹永重(윤창중) 문화일보 논설위원은 1월24일字 '서정갑의 눈물'이라는 제목의 칼럼에서 당시 대검찰청 이정수 차장의 말을 전했다. 지인의 소개로 처음 만난 노무현 검찰의 차장은 "국보법을 우리가 함께 지킵시다. 국보법이 없으면 대한민국은 하루아침에 공산화됩니다. 이걸 막읍시다"라며 尹위원에게 악수를 청했다는 것이다.

徐본부장 같은 이들의 투쟁을 통해서 마침내 2004년 말 노무현 세력은 국보법 폐기를 접고야 만다. 만일 2004년 집권세력 의도대로 국보법이 없어졌다면 지금쯤 한상렬 같은 從北(종북)주의자들이 아무런 제재 없이 국가를 부수며 돌아다닐 것이다. 이정수 차장의 말처럼 하루아침에 공산화됐을지도 모른다. 그래서 尹위원은 徐본부장을 가리켜 "친북세력에 맞서 조국의 역사를 다시 쓴 영웅", "대한민국 현대사의 영웅"이라고 평가했다.

徐본부장 등은 집권세력의 反국가 행태가 극으로 치달을 때 대한민국을 지켜야 한다는 일념으로 모든 것을 내던진 이들이다. 과거 정권은 내란선동죄, 내란미수죄, 내란이행선동죄 등 온갖 법리를 동원해 徐본부장을 獄(옥)에 가두려 했으나 실패했다. 그런데 이명박 정부의 검찰은 徐본부장 같은 애국자들을 표창해주진 못할망정 6년 전 빚어진 사소한 충돌을 꿰맞춰 기소해 버렸다. 도저히 납득키 어려운 일이다.

최근 徐본부장은 2009년 6월24일 대한문 앞에 설치된 이른바 '노무현 시민분향소'를 철거했다는 이유로 또 다시 500만 원의 벌금을 받았다. 경찰이 없애야 할 不法시설물을 철거한 행위로 벌금형을 선고받고, 국보법을 지켰다는 이유로 징역형을 선고받는다면 이 나라는 절망적이다. 대한민국의 정통성이나 정체성, 우리가 지켜야 할 핵심가치(core value)는 지켜질 수 없을 것이다. 무엇보다 북한정권이라는 명백한 위협을 앞두고 살아가는 우리와 후손의 안전이 위태로워진다. 대법원 판결을 앞두고 徐본부장의 구명을 탄원하는 이유가 여기 있다. 그가 또 다시 벌을 받는다면 이 땅의 자유, 정의, 진실은 한없이 조롱 받게 될 것이다. 그래서 우리는 탄원한다. 徐貞甲 본부장의 無罪를 탄원한다.

2011년 3월7일
김성욱 (사)한국자유연합 대표(대한민국 적화보고서 저자)

서정갑 국민행동본부 본부장의 상고심과 관련한 대법원장 및 대법원 대법관들에 대한 공개 편지

　이 공개편지는 국민행동본부 서정갑 본부장의 상고심(사건 2011도1649 특수공무집행방해치상 등)과 관련하여 대법원장 및 대법원 대법관들에게 드리는 것입니다.

　본론을 말씀 드리기 전에 먼저 현 시국에 대해 잠깐 언급하겠습니다. 대한민국 사회는 현재 상식이 무너지고 반역이 일상화되었습니다. 반역이 일상화된 정도가 아니라 사실상 반역이 제도화되었습니다. 이것은 대한민국의 검찰과 법원이 대한민국 헌법을 지키기 위해 별로 노력하지 않았기 때문에 발생한 개탄스러운 현실입니다.

　예를 들어 신문이나 방송, 인터넷 매체, 정치권이나 시민단체에서는 북괴의 대남선전선동을 그대로 따르는 구호들을 마구 쏟아내고 있고 그에 따른 시위가 난무하고 있습니다. 또한 민보상위는 국가보안법위반으로 처벌받은 사람들은 모두 민주화운동 공로자로 결정하고 보상하고 있으며 법원에서는 재심을 통해 대부분의 공안사건의 판결 결과를 뒤집었습니다. 그야말로 반역이 일상화되고 제도화된 어지러운 상황입니다. 이렇게 반역이 일상화되고 제도화되었는데도 도대체 검찰과 법원은 무엇을 하고 있는지 분노하지 않을 수 없습니다.

　검찰과 법원의 기본 임무와 역할이 무엇입니까? 바로 대한민국의 헌법을 지키는 것이 아닙니까? 검찰이나 법원의 권한 자체가 대한민국의 헌법에 근거하고 있는 만큼 만약에 대한민국의 검찰과 법원이 대한민국의 헌법을 제대로 지키지 못한다면 그 존재이유가 없습니다.

그런데 검찰과 법원이 대한민국 헌법을 제대로 지키지 못한 것은 검찰과 법원에 스며든 친북반역자들 때문이라고 보고 있습니다. 이들은 검사나 판사에 대한 법적 신분보호를 이용하여 대한민국 헌법을 능욕하고 있습니다. 이들은 대한민국 헌법 내에서 공소권을 행사하고 판결을 하는 것이 아니라 대한민국 헌법 위에 자신들이 가진 정치적 이념을 앞세워 행동하고 있습니다. 이들은 국회를 통해 제정된 법에 따라 권한을 행사하는 것이 아니라 법적 신분보장을 악용하여 법 위에 자신들의 이념과 성향을 올려놓고 대한민국 헌법을 위반하는 활동을 하고 있습니다.

잘 아시는 바와 같이, 1980~1990년대 학생운동은 주사파에 의해 주도되었으며, 대표적 학생운동 조직인 한총련은 이적단체로 여러 번 대법원에 의해 판결을 받았습니다. 그 때 김일성에 충성맹세를 한 주사파가 지금은 사회의 중견 또는 핵심세력이 되어 사회 각 부분에 스며들어 활동하고 있으며 검찰이나 법원도 그 예외가 아닙니다.

언론인으로서 직업윤리를 가지고 있다면 제작할 수 없는 허위 프로그램이 광우병을 다룬 MBC PD수첩이지만 법원에 의해 무죄판결을 받았습니다. 대한민국을 무너뜨리기 위해 북괴의 지령을 받고 활동한 빨치산의 추모제에 학생을 데리고 간 전교조 교사가 무죄판결을 받았습니다. 전교조 소속 교사들이 시국선언을 집단으로 하였지만 무죄판결을 받았습니다. 이와 같은 소위 튀는 판결은 법원 내에 침투한 친북좌익세력의 일탈행위로 우리는 보고 있습니다. 그래서 우리는 사법개혁을 요구하게 되었으며, 검사나 판사를 임명하기 위해서는 반드시 애국심, 대한민국 헌법을 지키겠다는 의지에 대한 테스트를 거쳐야 한다고 믿습니다.

지난해 말 헌법재판소는 인터넷에 허위 내용의 글을 게재하면 처벌하도록 한 전기통신기본법 조항이 헌법상 표현의 자유 등을 침해한다며 인터넷 논객 '미네르바' 박대성 씨가 낸 헌법소원심판 사건에서 위헌 결정을 하였습니다. 헌법재판소의 결정 취지는 허위사실을 표명하는 행위도 사실과 마찬가지로 표현의 자유라는 기본권의 보호를 받아야 한다는 것이었습니다. 세상에 어떻게 허위 사실을 유포하는 행위가 표현의 자유에 속한다고 판단할 수 있습니까? 이렇게 가다가는 남의 목숨을 빼앗는 행위도 자유권에 속한다는 반인륜적 판단에 이르지 않는다고 어떻게 말할 수 있겠습니까? 법조계 전반에 확산된 비정상적 판단의 한 예라고 하겠습니다.

이러한 시국에 대한 인식에 바탕을 두고 본론인 서정갑 본부장에 대한 상고심에 대해 대법원장과 대법관들에게 정중히 요청드립니다. 서정갑 본부장은 대한민국 법을 어긴 일이 없으며 따라서 그는 당연히 무죄판결을 받아야 합니다. 오히려 서정갑 본부장은 대한민국을 지키기 위해 헌신한데 대해 대한민국으로부터 표창을 받아야 마땅하다고 주장합니다.

모든 판결은 정상인들이 갖는 상식적 판단과 크게 차이가 나서는 안 됩니다. 상식과 틀리는 법은 있을 수 없으며 따라서 상식과 틀리는 판결은 판사의 개인적 편견이 크게 작용한 것이라고 간주할 수 있습니다. 서정갑 본부장에 대한 1심과 2심 판결은 우리들의 상식과는 크게 다른 판결이었습니다. 그 이유는 바로 검사나 판사가 서정갑 본부장에 대해 정치적 박해를 가하기 위한 의도로 권한을 남용하고 법의 해석과 적용을 왜곡하였기 때문입니다. 그 배경은 앞에서 말씀 드린 바와 같이 검찰과 법원에 스며든 친북좌파세력이 권한을 남용하고 직업적 윤리를 지키지 않았기 때문입니다.

우리가 잊지 말아야 할 사실은, 2004년 10월4일에 서울시청 앞 광장에서 개최된 "구국기도회 및 국가보안법 수호 국민대회"는 평화적 집회였다는 것입니다. 보수애국시민들이 참가한 이 집회는 친북좌파세력이 주도하는 수많은 폭력집회와 비교할 때 경찰이 질서유지를 위해 공권력을 행사할 필요가 전혀 없는 평화적 집회였습니다. 이 평화적 집회를 이끈 서정갑 본부장 및 관련 인사들에 대해 특수공무집행방해치상죄 등으로 유죄판결을 하고, 그것도 징역형을 선고하는 것은 어떻게 보아도 검찰의 공소권이나 판사의 공정한 심판의무를 위반한 불공정한 판결이라고 할 것입니다.

그 날 집회에 참가한 인원은 30만 명이 넘습니다. 경찰 공식 집계로서도 십만 명이 넘는 대규모 집회였습니다. 그럼에도 그 집회가 개최된 지 수 년이 지난 다음에 이병완 수경을 비롯한 수 명의 경찰관이 손바닥이나 손등에 부상을 입었다고 고소하고 경찰버스 한 대의 앞유리 1장이 파손되는 등 총 수리비가 80여만 원에 이르는 정도의 경찰재물 파손을 이유로 서정갑 본부장 등을 검찰이 기소하고 법원이 징역형에 처하는 것은 상식적으로 도저히 납득할 수 없는 정치적 음모라고밖에 볼 수 없습니다. 민노총이 주도하는 시위는 언제나 복면을 하고 죽봉이나 쇠파이프를 휘두르는 폭력시위였습니다.

그러나 그런 일로 인하여 민노총 위원장이 징역형을 언도받았다는 소식은 접한 적이 없습니다. 그런데 보수애국시민들이 30만 명 이상이나 모인 이 집회에서 겨우 경찰 몇 명이 손바닥이나 손등에 입은 상처, 그리고 경찰 버스 몇 대의 100만 원도 되지 않는 재물 손괴를 이유로 서정갑 본부장을 징역형에 처하는 것은 어떻게 보아도 상식에 어긋나며 따라서 검찰이나 법원에 스며든 친북좌파들의 음모에 의한 불공정한 기소와 판결이라고 볼 수밖에 없습니다.

더구나 그 날 시위에 참가한 대부분의 사람들은 6 · 25전쟁에 참전하였던 노병들이거나 정년퇴임을 한 나이 많은 분들이었습니다. 이분들은 폭력시위를 근본적으로 알지 못합니다. 이분들은 근본적으로 경찰을 안보유지를 위한 애국적 조직으로 보고 있고 또한 시위진압에 동원된 전경들을 사랑스러운 아들 또는 손자로 보고 있습니다. 이분들은 전혀 경찰에 대해 폭력을 행사하거나 또는 시위를 폭력으로 이끌려는 의도를 가지고 있지 않습니다.

애당초 그날 집회에 참가한 사람들은 나라를 사랑하는 우국충정에서 그 자리에 나왔으며 전혀 경찰이 설정한 경계선을 폭력으로 무너뜨리고 행진할 의사를 가지고 있지 않았습니다.

사정이 이러함에도 불구하고 경찰이 폭력사태를 예견하거나 또는 폭력사태를 유발하기 위해 불필요하게 공권력을 사용하여 약간의 접촉이 있었던 것은 사실이나 이것은 경찰의 일방적 폭력행사였지 집회참가자가 시작하거나 주도한 것은 아니었습니다.

경찰은 전혀 폭력을 행사할 의사나 의지가 없는 집회자들에게 방패로 찍어 부상을 입히는 등 물대포를 쏘면서 평화적 집회의 이미지를 흐리는 보기 흉한 장면을 연출하였습니다. 이 재판과 관련하여 조사를 받은 증인 박성표의 심문 내용을 보면 그 사정이 잘 나타나 있습니다. 박성표는 경찰의 방패에 맞아 이빨이 두 개나 부러지는 등 중상을 입었고 경찰의 일방적인 과잉진압으로 많은 시민이 다쳤다고 증언하였습니다. 특히 그 다친 시민들은 양손에 태극기와 성조기를 들고 구호를 외치던 할아버지뻘 되는 6·25참전용사들이 많았다고 증언하였습니다.

그런데 경찰에서 겨우 수명의 수경들이 손바닥과 손등에 찰과상 등 부상을 입었다고 몇 년 후에 서정갑 본부장 및 관계자 몇 명을 고소하는 것은 지나가던 소도 웃을 일입니다. 집회군중이 폭력을 행사하였다면 어떻게 경찰이, 그것도 방패와 헬멧, 그리고 방호복으로 중무장한 경찰이 손바닥과 손등에 부상을 입겠습니까. 상식적으로 도저히 납득할 수 없는 일입니다. 더구나 그 경찰이 진술하면서 그 상처가 언제 어디서 생긴 것인지 조차 잘 모른다고 하였다고 하니 그 경찰이 누군가의 사주에 의해 고소한 것이며 자유의사에 의해 고소한 것이 아니란 것이 명백합니다.

뿐만 아니라 총 30여만 명이 모인 집회에서 경찰의 과잉 대응으로 집회

참가자들이 약간 흥분한 상태에서 경찰 버스 유리창 몇 장 정도가 파손된 것을 이유로 이 집회를 폭력집회로 몰고 가는 것은 어떻게 보아도 판단착오이거나 의도적 박해라고밖에 볼 수 없습니다. 경찰의 과잉행동을 보면서도 집회참가자들은 경찰을 동정하고 마치 자신들의 자식이나 손자가 되는 것처럼 따뜻하게 감싸주었습니다. 이것이 어떻게 폭력집회입니까? 이러한 경찰의 과도한 강경 대응으로 인해 우발적인 접촉이 약간 있었을지라도 이것을 이유로 평화적 집회를 폭력집회로 몰고 갈 수는 없습니다. 뿐만 아니라 그 날 집회를 주관한 서정갑 본부장 등 대회 참가자들이 서로 폭력을 모의하였다고도 말할 수 없습니다.

사정이 이러함에도 불구하고 검찰이 뒤늦게 서정갑 본부장 등을 특수공무집행방해치상죄 및 공용물건손상죄로 기소한 것은 검찰의 기소권 남용이라고 볼 수밖에 없습니다. 특히 그 수많은 친북좌파들의 폭력시위와 비교할 때 이토록 평화적 집회를 폭력집회로 몰고 가는 것은 검찰 측에 정치적 의도가 있다고밖에 볼 수 없습니다.

우리는 또한 2004년 10월4일에 개최된 국보법사수 국민대회는 우리 자유애국시민들의 저항권의 행사로서 서정갑 본부장 등의 집회 주관 행위는 무죄라고 주장합니다.

제2심 판결문에 의하면 "국가보안법의 폐지 문제는 각자의 정치적 입장에 근거하여 상대방과 국민을 설득하고 여론을 모아 정치적 입법적으로 해결할 문제일 뿐이고, 당시 입헌주의적 헌법질서를 침해하거나 파괴하려고 하는 국가기관 또는 공권력의 담당자가 있었다고 볼 수도 없는바"라고 하였는데 이것은 사실 판단 착오에 해당합니다.

친북좌파들의 오랜 국가보안법 폐지 주장이나 운동 또는 시위를 하였습니다. 그러나 이것은 위 판결문에서 밝힌 바와 같이 "각자의 정치적 입장에 근거하여 상대방과 국민을 설득하고 여론을 모아 정치적 입법적으로 해결할 문제"라고 볼 수도 있습니다.

그러나 친북좌파들의 국가보안법폐지 주장이나 시위가 북괴의 지령에 의한 것이거나 또는 북괴를 이롭게 할 목적으로 수행된 것이라면 사정은 다릅니다. 그러나 2004년의 사정은 이와 전혀 다릅니다.

2004년 9월5일 MBC 〈시사매거진 2580〉의 '대통령에게 듣는다' 프로그램에 출연해 "국가보안법은 한국의 부끄러운 역사의 일부분이고 지금은 쓸 수도 없는 독재시대에 있던 낡은 유물"이라면서 "낡은 유물은 칼집에 넣어서 박물관으로 보내는 것이 좋지 않겠습니까"라고 폐지론을 분명히 밝혔습니다.

이것은 친북좌파들이 국가보안법폐지를 주장하는 것과는 차원을 달리하는 것입니다. 대한민국의 헌법을 지켜야 하고 대한민국의 국가안보에 대해 총체적 책임을 져야 하는 대통령이 국가보안법을 폐지하자고 주장한 것입니다. 잘 아시는 바와 같이 대한민국 헌법은 자유민주주의를 지키기 위한 조항을 포함하고 있지 않으며, 특히 북쪽의 반국가단체의 국가전복 활동을 단속할 조항이 없습니다. 이 약점을 보완하는 것이 바로 국가보안법입니다. 그래서 북괴나 친북좌파들이 집요하게 국가보안법 폐지를 주장하는 것입니다. 그런데 친북좌파가 아닌 대통령이 직접 국가보안법 폐지를 주장하는 것은 국가적 위기라고밖에 말할 수 없습니다.

사실 국가보안법 폐지는 대통령 개인의 주장이 아니라 당시 집권여당인 열린우리당의 당론이기도 하였습니다. 집권세력은 소위 '4대개혁입법' 중의 하나로 국가보안법 폐지 또는 개정을 내세웠습니다. 이 어찌 국가적 위기상황이라고 하지 않을 수 있습니까?

이러한 국가적 위기 상황에서 반핵반김국민협의회는 국가보안법을 지키기 위한 국민집회를 개최하게 되었습니다. 이것은 분명 국가적 위기에 당면한 자유애국시민들의 저항권 행사입니다. 대통령과 정부 그리고 집권

여당 및 주요 친북성향의 정치인들이 단합하여 국가보안법 폐지를 주장하고 나섰는데 이것이 어찌 국가적 위기 상황이 아닙니까? 만약에 국가보안법 폐지가 국민의 의사라면 그것은 당연히 폐지되었을 것입니다. 당시 집권여당인 열린우리당은 국회의 절대적 다수를 차지하고 있었습니다. 그러나 그들이 그렇게 하지 못한 것은 바로 국가보안법을 지키려는 자유애국 시민이 국민의 절대다수를 차지하고 있었기 때문입니다. 이 절대다수의 국민의 의사를 대통령과 집권세력에 전달하기 위해 열린 국민집회가 어떻게 하여 국민저항권의 표현이 아니라고 할 수 있습니까?

따라서 제2심 판결문에서 "당시 입헌주의적 헌법질서를 침해하거나 파괴하려고 하는 국가기관 또는 공권력의 담당자가 있었다고 볼 수도 없는 바"라고 판시한 것은 사실의 착오입니다. 분명 대통령이 국가보안법 폐지를 주장하고 나섰습니다. 대통령이 국가기관이 아닙니까? 대통령의 지휘를 받는 검찰이나 경찰이 이 집회를 단속하고 나섰는데 어떻게 공권력의 담당자가 있었다고 볼 수 없다고 판시할 수 있습니까? 이것은 분명 사실 착오에 해당합니다.

우리는 서정갑 본부장 등이 국민적 저항권을 표현으로 평화적 집회를 주관한 행위에 대해 특수공무집행방해치사상죄로 기소되어 징역형을 선고받은 것은 분명 검찰과 법원의 사실 착오 및 정치적 탄압에 해당한다고 믿습니다. 이 주장을 뒷받침하기 위해 사소한 모든 고소 내용을 거론하지는 않겠습니다. 누가 보아도 평화적 집회를 폭력집회로 몰고 가는 검찰과 법원의 결정은 전혀 공정하지 않습니다. 아무리 법조항을 정교하게 적용하였다고 하여도 그것은 근본적으로 잘못 적용된 것입니다.

마치 야구 투수가 던진 공이 직구인지 또는 커브인지 판단하기 위해 슈퍼 컴퓨터의 계산을 필요로 하지 않듯이 한눈에 알 수 있는 평화적 집회를 교묘하게 법조항을 복잡한 법률 용어를 사용하여 적용하였다고 하여도 그

것이 폭력집회가 될 수는 없습니다. 특히 그 수많은 친북좌파들의 폭력시위와 비교할 때, 그리고 그 수많은 폭력시위에 대해 경찰이나 검찰 그리고 법원이 조치한 사례들과 비교할 때, 2004년 10월4일의 국가보안법 사수 국민대회를 폭력집회로 몰고 가는 것은 대한민국을 사랑하는 자유애국시민들의 입장에서는 도저히 납득할 수 없는 불공정한 판결입니다.

특히 반역이 일상화되고 제도화된 현실에서, 검찰과 법원이 국가반역을 제대로 단속하지도 못하면서, 자유애국시민들의 평화적 집회를 폭력집회를 몰고 가는 것은 검찰과 법원이 대한민국의 헌법을 지켜야 할 기본적 책무를 제대로 이행하지 못하고 있다는 의혹을 강하게 키울 뿐입니다. 뿐만 아니라 검찰과 법원이 자유애국시민을 탄압하는 반국가기관으로 변질되었다는 평을 받게 될 것입니다. 따라서 서정갑 본부장 등에 대한 상고심에서 하급심이 저지른 잘못된 판결이 반드시 바로잡아져서 무죄판결이 나와야 할 것입니다. 이것이 국민이 가진 선과 악에 대한 판단에 맞는 것이며, 애국과 반역에 대한 상식적 판단과 일치하는 판결이 될 것입니다. 거듭 대법원의 공정한 판결을 촉구하면서 이 공개편지를 마감합니다.

2011년 3월7일

한미애국단체연합 회장 이양춘
6 · 25 참전 국가유공자회 / 권영배
워싱턴주 북한풍선선교회 / 이창구
고향선교회 / 윤요한
한미자유수호연합 / 이양춘
건국대통령 이승만박사기념사업회 / 주완식
베트남전참전 국가유공자회 / 이창래
워싱턴주 이북도민회 / 이유식
서북미 해병전우회 / 홍종태
서북미 흥사단민족통일본부 / 안재호
원로목사회 / 정남식
미주국민행동본부/ 손순석
자유통일포럼 / 정창인

피고인 서정갑, 최인식에 대한 변호인 최후 변론을 하겠습니다.

피고인들에 대한 이 사건 공소사실의 요지는 피고인들이 경찰관의 불법폭력집회 진압에 관한 정당한 직무 집행을 방해하면서 경찰관을 상해하고 공용물건을 손상하고 경찰관의 해산명령에 불응했다는 것입니다. 이에 대한 변호인의 변론 요지는 다음과 같습니다.

우선, 이 사건 집회는 불법폭력집회가 아니었습니다.

이 사건 집회는 2004. 9. 정치권의 국가보안법 폐지 움직임에 대하여 국가 안보를 걱정하는 수많은 애국인사와 재향군인회, 자유총연맹, 상이군경회, 한국기독교총연합 등 300여 개의 단체가 강영훈 전 국무총리 등 국가 원로 20여 명을 공동대회장으로 하여 국가보안법 폐지 반대 의견을 대외적으로 천명하고자 개최된 집회로서,

피고인들은 관할 경찰서에 적법하게 신고하였고, 시종일관 집회 현장에서도 서울지방경찰청, 남대문경찰서 담당경찰관과 긴밀하게 연락하고 협조하면서 이 사건 집회를 진행하였던 바, 이러한 집회를 불법폭력집회라고 평가할 수는 없을 것입니다.

당시 이 사건 집회 참가자들과 경찰 사이에 다소의 물리적 충돌이 발생한 것은 이 사건 집회 2부 행사가 모두 종료된 다음 공동대회장 14명이 경찰의 호위 속에 청와대에 항의서한을 전달하기로 예정되어 있었는데 경찰

이 약속을 위반하고 공동대회장들의 행진은 물론 행사장 내 군중들의 해산을 원천적으로 봉쇄하였기 때문에 발생한 것으로 이는 전혀 우발적인 사건이었습니다.

　따라서 피고인들은 이 사건 집회 참가자들과 경찰의 물리적 충돌에 관하여 사전에 공모한 적도 없고 또한 전혀 예측할 수 없었던 것으로 이에 대한 형사책임을 피고인들에게 물을 수 없으며 나아가 이미 이 사건 집회의 해산을 선언하고 집회가 종료되었는데도 불구하고 경찰이 출구를 봉쇄하여 군중이 집회장소에서 빠져나가지 못하는 상황에서, 피고인들이 경찰의 해산명령에 불응했다고 평가할 수는 없을 것입니다.

　한편, 이 사건 국민대회가 열린 일자는 2004. 10. 4.이고, 이 사건에서 공범으로 표시된 인터넷 독립신문 대표 신혜식에 관하여 동일한 공소사실에 대한 형사처벌이 일어난 시기는 2005.이며, 피고인들에 대한 이 사건 공소 제기가 된 시기는 2007. 7. 12.입니다.

　검찰은, 이와 같이 신혜식과 피고인들을 분리 기소한 이유에 관하여 신혜식의 구속기간 만료, 피고인들에 대한 다른 고소, 고발 사건과의 병합 처리 때문이었다고 해명한 바 있습니다만, 피고인들에 대한 수사기록을 살펴보면, 피고인들에 대한 수사는 신혜식에 대한 기소 이전에 모두 완료된 상태이고 그 이후에는 일체의 수사가 진행된 바 없고, 또한 피고인들 누구에게도 다른 고소, 고발 사건과 병합 처리한 내역이 없습니다.

　피고인들은 이와 같이 불합리한 공소 제기가 일어난 것은, 2007. 7. 당시 차기 대선 정국에서 자신들의 집권 가능성이 없다고 판단한 당시 집권 세력들이 자신들이 힘을 가지고 있는 동안에 마지막으로 정통 보수 우익

 "문제는 安保야, 이 바보들아!"

을 대표하는 피고인들에게 족쇄를 물리고 타격을 가하려는 시도에서 검찰에 부당한 압력을 가하여 발생한 것이라고 추측하고 있습니다.

이상과 같이 이 사건 공소 사실은 진실이 아니며, 공소 사실의 진위 여부를 떠나 공소 제기 자체가 소추재량권을 현저히 일탈한 경우이므로 무죄 또는 공소기각의 판결이 선고되어야 한다는 것이 피고인들 주장의 요지입니다.

피고인들은 오히려 당시 좌익세력의 책동에 의하여 대한민국의 안위가 백척간두의 위기에 빠져 있을 때 분연히 떨쳐 일어나 진정으로 대한민국의 미래를 위해 행동하였던 애국지사들인 것입니다.

재판부께서는 이러한 사정을 굽어 살피시어 법원이 대한민국의 법과 질서를 지키는 최후의 보루임을 국민들에게 보여 주시길 간구하는 바입니다.

2010년 8월31일
무료변호인단 : 고영주 이영애 홍지욱 홍성진 변호사 등

請 願 書

청원인   1. 사단법인 국민행동본부(이사장 서정갑)

　　　　　　주 소 : 서울특별시 강남구 역삼동 702-2

　　　　　　삼성제일빌딩 1804호

　　　　2. 국가정상화추진위원회(위원장 고영주)

　　　　　　주 소 : 서울특별시 강남구 수서동

　　　　　　로즈데일오피스텔 1922호

청원기관   대한민국정부(법률상 대표자 법무부 장관)

청원취지   민주노동당(대표 이정희)에 대해 정당해산심판을

　　　　　청구해 주시기 바랍니다.

　　　　　위 민주노동당 주소 : 서울특별시 영등포구 여의도동

　　　　　　　　14-31 한양빌딩 4층

청원이유

1. 개요

민주노동당은 목적 및 활동이 모두 민주적 기본질서에 위배되므로, 헌법재판소에 위 정당에 대한 해산심판청구를 할 것을 청원합니다.

2. 민주노동당의 목적 및 활동의 민주적 기본질서위배 내용

가. 민주노동당의 목적

1) 헌법상 기본원칙인 자유민주주의와 헌법 제1조에서 표방하는 국민主權(주권)주의 부정

   ○ 민주노동당 강령에서는

   - 민주노동당은 노동자, 농민 등 민중의 힘과 지혜를 모아 일하는 사람이 주인이 되는 세상을 열어 갈 것이다.

   - <u>진보적 민주주의</u>가 이 땅에 구현되지 않는 한 민중의 삶은 억압과 수탈에서 벗어날 수 없다. 이에 민주노동당은 … 민중이 참주인이 되는 진보적 <u>민주주의 체제를 건설할 것이다.</u>

   - 민주노동당은 <u>민중主權을 실현</u>하여 … 새 세상을 향해 전진할 것이다.

   - 민주노동당은 노동자와 민중의 투쟁에 늘 함께 하고, 투쟁의 성과를 정치권력의場에 확장시킨다.

   - 민주노동당은 … 지배구조와 지배이념에 대항하는 민중권력을 구축한다.

   - 민주노동당은 … <u>全세계 노동자계급</u>, 착취 당하는 민중 … <u>과의 국제연대에 앞장서</u> …

등으로 민주노동당의 목적을 천명하고 있다(별첨1/ 민주노동당 강령 참조).

   ○ 위와 같은 선언들은 모두 이른바 '민중민주주의' 이념의 표현인데, 민중민주주의는 인민민주주의나 마찬가지로 프롤레타리아 독재(공산주의)의 變種(변종)으로서(별첨2/ '민중민주주의란 무엇인가' 논문 참조), 국민 중 일부인 민중계급만의 主權(주권)을 주장함으로써, "국민 전체가 주인이요, 모든 권력은 국민에게서 나온다"는 國民主權主義와 자유민주주의를 부정하는 개념이고, 이미 대법원 판례에 의하여 명백한 利敵(이적)이념으로 판명되어 있다(별첨3/ 대법원 2004. 8. 30. 선고 2004도3212 판결 참조).

   ○또한 '全세계 노동자 계급과의 연대' 주장은 '공산당 선언'에서 천명된 '프롤레타리아 국제주의'의 원칙에 입각한 표현이고(별첨4. '프롤레타리아 국제주의란 무엇인가' 논문 참조, 윤원구 著《공산주의의 본질》중), 특히 위 내용 중 '진보적 민주주의'란, 김일성

이 북한공산독재체제 즉 '인민민주주의'를 미화하여 사용한 용어일 뿐만 아니라(별첨5/ 김일성 강의 내용 참조), 민주노동당이 이러한 '진보적 민주주의 체제'를 건설하겠다는 것은, 현재 대한민국이 채택하고 있는 자유민주주의 체제를 부정하고, 이를 전복 내지 파괴하여 다른 체제를 만들겠다는 의미가 담겨 있다고 보지 않을 수 없다.

ㅇ결국 민주노동당의 목적은 우리 헌법상 자유민주적 기본질서에 위배되는 것임이 명백하다.

2) 헌법의 통일정책 부정

ㅇ헌법 제4조에서는 통일정책으로서 '자유민주적 기본질서에 입각한 평화적 통일정책'을 천명하고 있다.

ㅇ그런데 민주노동당 강령에서는

- 제국주의 침략과 민족분단, 외래 독점자본과 국내재벌의 민중수탈, 독재, 사회 불평등 … 얼룩져 온 汚辱(오욕)의 역사를 바로 잡고 … 민족의 자주적 발전과 평등사회, 평화통일을 실현하기 위해 투쟁하고 있다.

- 外勢(외세)의 부당한 간섭이나 개입을 반대하고, 우리 민족의 주체적 힘에 의한 자주적 평화통일을 지향한다 … 흡수통일의 방식이 아닌 … 연방제 방식의 통일을 지향한다.

- 한미군사동맹체제를 해체하고, 주한미군을 철수시킨다.

등으로 통일관련 정책을 밝히고 있다(위 별첨1/ 민주노동당 강령 참조).

ㅇ북한의 對南전략전술 자료집인《주체사상에 기초한 남조선 혁명과 조국통일이론》에 의하면 "미 제국주의의 침략에 의하여 민족분단의 비극이 발생하였고, 따라서 남조선(대한민국)은 미 제국주의의 식민지라는 전제아래, 통일을 위해서는, 먼저 주한미군을 철수시켜 민족을 해방시킨 다음, 남조선 정부를 타도하여 인민민주주의 정부를 세우고, 남북의 인민정부끼리 연방제 통일을 이룩한다"는 것인 바,

ㅇ민주노동당 강령에 나타난 통일정책 내용들은 모두 위와 같은 북한의 對南적화통일방안인 '민족해방인민민주주의 혁명전략'및 '고려연방제 통일방안'의 내용들인 것이다.

○결국 민주노동당이 표방하는 통일정책은 북한의 고려연방제 통일방안과 같은 것으로서, 대한민국 헌법이 명령하는 '자유민주통일' 원칙에 위배한 것이다.

3) 개정 前 민주노동당강령 검토

○현 강령은 자유민주적 기본질서에 위배되는 민주노동당의 목적이 노골적으로 드러나는 것을 회피하기 위하여, 일부 용어를 순화한 것임에도 불구하고, 前述(전술)한 바와 같이 여전히 자유민주적 기본질서에 위배되는 것이다.

○그러나 민주노동당의 실체를 좀 더 정확히 알기 위해서는 창당 당시의 강령을 살펴볼 필요가 있다.

○2000. 1. 29. 창당 대의원대회에서 제정된 강령을 보면,

- 인류사에 면면히 이어져 온 사회주의적(社會主義的) 이상과 원칙을 계승 발전시켜 새로운 해방 공동체를 구현할 것 … 노동해방, 인간해방의 사회주의적 가치를 계승할 것

- 자본주의(資本主義) 사회는 계급적 불평등을 초래하여 소유와 권력으로부터 소외된 민중에게 고통스런 삶을 강요하고 있다 … 資本主義 체제를 넘어 모든 인간이 인간답게 살 수 있는 평등과 해방의 새 세상으로 전진해 나갈 것

- 총수 일족의 지분을 공적(公的)기금을 활용해 강제(强制)로 유상 환수해 재벌을 해체할 것 … 통신, 운수, 병원, 학교 등은 공공기관이나 공기업(公企業)으로 전환 … 농지와 소규모 생활터전용 소유지를 제외한 일정 규모 이상의 土地국공유

- 농기계를 공동으로 쓰고 토지를 집단적으로 이용 … 노동자 · 농민 등 민중대표를 중심으로 정부와 기업대표가 참여하는 '경제정책위원회'가 국민경제를 기획하고 조절 … 금융기관의 공적소유와 경영을 기본으로 경제정책위원회가 통제할 것'

- 북한을 적(敵)으로 규정하는 국가보안법(國家保安法) 등 냉전제도, 북한 낙인론과 같은 냉전의식, 북한을 敵對化하는 냉전문화를 청산할 것 … 국가보안법, 국가정보원과 기무사 따위를 폐지

- 불평등한 韓美군사조약과 韓美행정협정을 폐기하고, 美軍을 철수시킬 것 … 우리 민족의 통일을 방해하고 자주권을 억압하는 美國을 포함한 모든 외세와의 불평등조약 및 협정을 무효화할

것 … 주한미군을 완전히 철수시키는 냉전구조의 청산

－우리에게 당면한 과제는 머지않아 도래할 것으로 예견되는 미국과 중국 사이의 동북아 新냉전

이 구축되기 이전, 최소한 국가연합이나 연방제(聯邦制) 방식의 통일이라도 이뤄 국제적으로 우

리의 민족통일을 기정사실화하는 일 … 국가연합 · 聯邦制 통일 이룰 것

등으로 드러내놓고 사회주의 내지 공산주의 체제를 지향하고 있으며, 북한의 對南(대

남)전략전술에 추종하고 있었다.

4) 小結

민주노동당의 목적은 자유민주주의 체제, 國民主權주의, 자유민주통일원칙 등 헌법

상 민주적 기본질서에 위배되는 것이다.

나. 민주노동당의 활동

정당이 관련된 행위 중 어떤 범위까지 정당의 행위에 속하는 것으로 볼 것인지가 문제

될 수 있으나, 대체로,

① 정당에 속한 기관의 행위는 정당의 행위로 보아야 할 것이다. 따라서 당 지도부와

주요 당직자, 정당의 출판관련 조직, 정당의 지역조직 등의 행위는 정당의 행위로 볼 수

있다.

② 정당의 일반당원이 개별적으로 행한 행위는 일반적으로는 정당의 행위로 인정되어

정당해산과 연결시킬 수는 없을 것이다. 그러나 정당이 이러한 행위를 의식적으로 묵인

하거나 지원할 때, 또는 이러한 행위를 비판하거나 출당 등의 조치를 할 수 있음에도 불구

하고 하지 않을 때에는 정당의 행위로 간주될 수 있을 것이다(별첨6/ 정당해산 심판제도

에 관한 연구 132면 참조).

1) 민주노동당에 속한 기관의 활동

가) 제17대 대통령 선거 당시 정책공약

○민노당 大選(대선)후보 권영길은 이른바 '코리아 연방공화국 건설'을 국가비전으로 내세우며, 국가보안법 철폐, 韓美동맹 해체, 주한미군 철수 등을 주장하였다.

- 전술한 바와 같이 이와 같은 주장들은 북한의 對南적화전략전술에 부합하는 내용으로서 종전에는 모두 자유민주적 기본질서를 위태롭게 하는 행위이기 때문에 국가보안법 제7조 위반이라는 것이 확고한 대법원 판례이다(별첨7/ 대법원 1998. 3. 13. 선고. 95도117 판결 참조).

- 특히 '코리아 연방'이란 용어는 북한이 주장하는 고려연방 중 '고려'를 '코리아'로 바꿔놓았을 뿐이라는 점에서 북한의 對南전략에 노골적으로 동조하는 모습을 보였다.

○위 정책공약집에는 이 밖에도

- 안보체제에서

• 국군을 60만 명에서 20만 명 수준으로 減軍(감군)하고,

• 무기체계를 축소·폐기하며

• 예비군 제도를 철폐하고,

• 募兵制(모병제)를 실시하자는 등

안보기능의 전면적 해체를 내걸었다.

- 경제체제에서는

• 재벌그룹을 해체하고, 사회화하며

• 주요基幹(기간) 산업과 은행을 再국유화한다.

• 무상주택, 무상교육, 무상의료의 전면실시

등 공산주의 경제체제를 지향하고 있는 등 북한의 對南적화통일전략 실현이 용이하도록 하는 정책들을 제시하고 있다.

○민노당에서는 권영길 大選후보 외에 경선에 나섰던 심상정, 노회찬 의원도 연방제와 국가보안법 폐지·주한미군 철수 등을 주장했던 점에서 大同小異(대동소이)하고, 특히 헌법 제3조 영토조항의 변경까지 주장하는 등 국가의 존립 안전 및 자유민주적 기본질

서에 심각한 위해를 가하였다.

나) 기타 당 지도부, 주요 당직자들의 발언

○ 민주노동당 문성현 前 대표는

- 대표당선 직전인 2006. 2. 26. 〈통일뉴스〉와의 인터뷰에서, 연방제 방식의 통일을 기본목표로 한

  다고 발언하고,

- 민주노총의 인터넷신문인 〈노동과 세계〉에 따르면, 2007. 8. 15. 서울 광화문에서 열린 소위

  8 · 15민족통일대회에서

• "그 동안 북한을 포위 · 고립해 압살하려는 미국의 기류가 작년 북한의 과감한 핵실험으

로 無力化(무력화)됐고, 이후 평화의 길로 들어섰다. 이것은 북이 모진 고난을 딛고 일어난 성

과다."

• "2차 정상회담을 맞아 미국이 강요하는 일방적이고 악랄한 한미동맹을 끝장내는 투쟁으

로 가야 한다. 미군철수를 위해 당이 앞장 서겠다"는 등 노골적인 從北(종북)주장을 하는 등

국가의 존립 · 안전과 자유민주적 기본질서를 위태롭게 하였다.

○ 민주노동당 이용대 前 정책위의장은 당 기관지 《진보정치》 337호를 통해

- "올해 민주노동당 大選의 한 가지 특징은 경선후보들이 창조적 통일방안을 정책의 제1순위로 강

  조하고 나섰다는 것"이라며, "코리아 연합, 평화경제공동체, 코리아 연방 등 표현은 다양하지만, 토

  론과정에서 확인된 바 연방제 원칙에 모든 후보가 동의했다는 것은 중요한 성과라고 평가하고,

- "남북이 … 통일할 수 있는 유일한 합리적 방안은 연방제뿐이라는 것이 그간 피어린 투쟁을 통해

  확인한 통일운동의 교훈"이라며, "올해 大選을 민중이 주인되는 '연방통일공화국' 원년으로 만들

  자"는 등 국가의 존립 · 안전 및 자유민주적 기본질서를 위태롭게 하는 주장을 하였다.

다) 小結

민주노동당의 大選후보 권영길이나 大選후보 경선에 나섰던 심상정 · 노회찬 의원, 당

대표이던 문성현, 정책위 의장이던 이용대 등 당 지도부와 주요 당직자들의 행위는 모두

민주노동당의 활동으로 볼 수 있으므로, 결국 민주노동당의 목적뿐 아니라 활동도 자유민주적 기본질서에 위배된다고 할 수 있을 것이다.

2) 일반당원의 개별적 행위

가) 민주노동당의 상당수 당직자들이 다음과 같이 간첩 등 공안사건에 연루되었다.

○2004년 4월에는 민노당 고문 강태운(72)이 국가보안법 위반(간첩 등) 위반으로 징역 6년형을 대법원에서 확정 선고받았는데, 姜 씨는 1999년 2월부터 베이징(北京), 도쿄(東京) 등 제3국에서 조총련 조직원 朴 모, 북한 공작원 金 모 등과 만나 민노당 관련 자료 등 정보를 제공한 뒤, 북한으로부터 지령을 수수하고 공작금을 받아 왔다.

○2006년 10월, 북한공작원의 지령을 받고 민노당에 대한 정보를 제공한 민노당 서울시 대의원 이정훈, 사무부총장 최기영이 국가보안법위반(간첩 등)으로 구속되어 대법원에서 李 씨는 징역 3년, 崔 씨는 징역 3년6월을 확정 선고 받았다. 수사 및 재판결과에 따르면, 최기영은 민노당 중앙당을 담당했고, 이정훈은 민노당 서울지역을 담당했다.

○2006년 11월2일에는 민노당 대의원 박종기가 2003년 북한에 밀입국, 국내 군사정보를 북한 對南공작부서에 알려준 혐의(국가보안법상의 잠입탈출 및 고무찬양)로 체포되어 2년6월을 복역하였다. 그는 귀국 후 金日成을 찬양하고 反美를 선동하는 글을 사이버 상에서 유포하면서, 북한에 사업계획서를 보내는 등 反국가활동을 계속한 혐의였다.

○2006년 12월21일에는 최규엽 민노당 집권전략위원장(현재는 민노당 부설 새세상연구소 소장)이 국보법(고무찬양) 위반혐의로 1심에 이어 2심에서도 징역6월, 집행유예 2년의 유죄판결을 받았다. 2001년 訪北(방북) 당시 평양의 조국통일 3대헌장기념탑에서 열린 행사에 참가한 崔 씨가 북측의 통일방침을 찬양, 선전한 혐의이다.

○또 아직까지 수사결과가 밝혀지지 않았지만, 2011년 8월에는 북한노동당의 남한내 지하당인 이른바 '왕재산 사건'에 민노당 당원들이 상당수 연루된 것으로 알려지고 있다.

나) 공안사건 등을 통해 밝혀진 북한과 민주노동당의 관계

○북한, 민노당 완전장악 기도

－2006년 국가정보원이 발표한 '일심회 관련 북한 지령 및 보고 문건' 등 수사결과에 따르면, 북한
은 민노당의 '완전 장악'을 기도해왔다. 북한은 ▲최기영에게 '민노당 중앙당 정책ㆍ기획부서에
침투할 것' ▲이정훈에게 '서울지역 주요 권역별 하부조직을 결성할 것' ▲손정목에게 '민노당이
反한나라당 노선을 관철하도록 권영길 대표를 설득할 것' 등을 지령했다.

－2006년 12월28일 일심회 2차 공판과정에서는 "北의 의지가 관철되는 민노당을 만들라", "민노
당의 지도핵심체계를 세우라"는 등의 지령을 북한이 내렸던 사실도 밝혀냈다.

－일심회 조직원들은 북한의 지령에 따라

• 민노당 최고위원회의원단 총회 등 각종 회의자료, 주요 당직자 344명 성향 분석자료

• "민노당 주요 활동가 K1ㆍK2ㆍC 모 씨 등을 '위대한 장군님 사상으로 의식화하라'
는 지시에 따라 사업을 진행했다"는 등의 對北보고를 해왔다.

－〈한국일보〉가 2006년 10월31일 보도한 바에 따르면, 2005년 6월 한나라당이 제출한 윤광웅 국
방장관 해임 결의과정에서 "한나라당 고립ㆍ압살ㆍ타격키 위해 북한 조선로동당 방침에 따라,
기획실무자 김창현(44, 당시 민노당 사무국장) 등 최고위원들의 지지를 업고, (민노당이 부결을)
실행했다"고 對北보고를 했던 것으로 알려졌다.

－일심회 연루자들은 공판과정에서 북한의 지령 및 이행 여부에 대해 '자신들은 북한과 대등한 관
계에서 협조했을 뿐'이라는 식으로 주장했다. 그러나 검찰 기소내용에 따르면, 이들은 '장군님의
先軍(선군)영도가 유일한 정답(최기영)', '한명 한명을, 수령을 결사옹위하는 충직한 전사로 만들
겠다(이진강)'는 등 북한의 지령을 충실히 따라왔다.

－북한은 20여 차례의 지령을 내렸고, 일심회 회원들은 30여 차례 對北보고문을 올렸던 것으로 확
인됐다. 對北보고문은 북한을 祖國(조국), 한국을 敵後(적후) 등의 암호로 표시했다. 이런 공로로
일심회 주범인 장민호는 조국통일상과 노력훈장, 손정목은 조국통일상, 이정훈ㆍ이진강은 노력
훈장을 각각 북한에서 받았다.

○北한민전, 민노당을 지속적으로 격려

– 북한은 평소 민노당을 "민족민주전선 건설의 주체"로 치켜세우며 노골적인 지지와 격려를 보내
왔다. 북한의 對南전위기구인 반제민전(舊한민전·한국민족민주전선)은 2004년과 2000년 총
선 당시 "민노당 후보들을 반드시 국회에 진출시키라"고 지령하기도 했다.

– 2000년 민노당 창당 이래 한민전의 관련 주장들을 인용하면 아래와 같다.

• "민주노동당을 반드시 국회에 진출시켜 대중적 진보운동을 새로운 반석 위에 올려놓아
야 한다."[〈월간조선〉(2004년 2월호)이 입수한 한민전 지령문 中]

• "한국의 대표적 진보정당은 민주노동당이다 … 통일전선사업에서의 민주노동당의 역할
은 비약적으로 제고될 것이다."[주체 90년(2001년). 한민전의 '자주·민주·통일을 지향하는
진보정당건설은 시급한 과제' 中]

• "主體思想(주체사상)이 시대의 향도사상으로 민족민주운동의 지도이념으로 자리 잡았
다 … 한국변혁운동의 지도핵심은 主體思想으로 정신무장하고 민중속으로 들어가 투쟁과
실천에서 모범을 보이는 사람들 … '전국연합(당시 대표 오종렬)'·'민중연대(당시 대표 정광
훈)'·'통일연대(당시 대표 한상렬)'·'민주노동당'은 향후 실질적 '민족민주전선' 건설 사업을
담당하는 주체이다."[주체 90년(2001년). 한민전의 '한국민족민주운동의 새로운 전진을 위하
여' 中]

• "민노당은 향후 자주·민주·통일을 기본강령으로 하는 대중적인 혁신정당으로서 위상
을 가지고 의회를 넘나들며 '민족민주전선' 사업에 복무하는 역할을 충실히 수행해나가야 할
것이다 … 主體思想으로 정신무장하고 민중과 생사고락을 같이하는 한국 민족민주운동의 앞
길에는 오직 승리와 영광만이 있을 것이다."(上同)

• "민주노동당은 강령과 공약에서 표방하고 있는 것처럼 민족의 자주와 통일, 새 정치를 지
향하고 있다 … 2000년 총선에서 민주노동당 후보에게 표를 주어야 한다."[주체 89년(2000).
'누구에게 표를 주어야 하나']

○ "민노당 집권하면 '고려연방제' 완성"

- 북한은 향후 민노당이 집권할 때 '고려 연방제'가 완성될 것으로 보면서, 소위 민족민주세력의 민노당 중심 단결을 촉구해왔다. 2005년 7월17일 작성된 '낮은 단계 연방제 진입국면, 민족민주세력은 무엇을 하여야 하는가'라는 반제민전 문건은 이렇게 적고 있다.

- "지금 시작되는 낮은 단계 연방제 단계는 以南에서 자주적 민주정부 수립을 준비하는 단계이기도 하다. 以南(이남)에 자주적 민주정부가 들어서야 고려민주연방공화국이 건설될 수 있다. 민주노동당 정권이 수립되었을 때 민족통일기구는 명실상부하게 정부·정당·사회단체를 망라한 민족통일전선으로 최종완성될 것이다."

- "그러므로 민족민주세력은 민주노동당을 중심으로 조직적 단결을 강화하고, 조직내의 분파적 요소들을 뿌리 뽑아 민주노동당을 견실하고 활력 있는 대안세력으로 키워내며, 그 폭을 확대하여 광범위한 민중의 신망을 받는 참된 민중의 대변자로 발전시켜야 한다."

- 북한정권의 지속적 격려에 화답하듯 민노당 김혜경 前 대표는 2005년 8월 평양 '애국열사릉'에 참배해 "당신들의 '애국의 마음'을 길이길이 새기겠다"고 서명하기도 했다.

다) 위와 같은 당직자들의 국가안보 危害(위해)행위나 북한의 지령에 대한 민주노동당의 태도

○ 위에서 본바와 같이 민주노동당 당직자들이 간첩 등 공안사건에 연루된 경우가 여러 번 있었으나, 민주노동당은 소속 당원들의 범행과 관련하여 對국민 또는 對정부 사과를 한 적이 없고, 또한 해당 당원에 대하여 출당 등 조치를 취한 적이 없다.

○ 오히려 이를 수사하는 공안수사기관이나 정부에 대하여 공안탄압 등으로 비난 하면서 위 당직자들을 비호하여 왔다(별첨8/ 기자회견문, 별첨9/ 대변인 브리핑 참조).

○ 또한 수사 및 재판과정에서 북한이 민노당을 장악하고 조종하려는 의도가 밝혀졌음에도, 한 번도 북한에 항의하거나 이의를 제기한 적도 없다.

라) 小結

위에서 본바와 같이 민주노동당이 당직자들의 안보危害(위해) 행위에도 불구하고 해

당 당직자들을 비호해 온 점, 북한의 민노당 장악의도를 알면서도 이를 용인해 온 점 등을 종합하면, 위와 같은 당직자들의 민주적 기본질서 위배 활동들은 모두 민주노동당의 활동으로 간주될 수밖에 없을 것이다.

3. 結語

ㅇ 헌법재판소법 제55조의 법문상, 정당의 목적이나 활동이 자유민주적 기본질서에 위배될 경우 정당해산 사유가 됩니다.

ㅇ 그런데 민주노동당의 경우, 목적 및 활동이 모두 자유민주적 기본질서에 위배되므로, 정상적인 法治(법치)국가에서라면 벌써 해산되었어야 할 정당입니다.

ㅇ 한편 헌법재판소법상 정당해산심판 청구는 정부만이 할 수 있도록 되어 있습니다.

ㅇ 그런데 정부는 민주노동당이 창당된 지 10여년이 지나도록 민노당에 대한 정당해산심판청구를 하지 않고 있으므로 청원인 단체 등이 본건 청원을 하기에 이르렀습니다.

ㅇ 정부 그리고 정부의 법률상 대표자인 법무부 장관은 신속히 국무회의의 심의를 거쳐 헌법재판소에 정당해산심판청구를 해 주시기 바랍니다.

입증자료
별첨1. 민주노동당 강령
별첨2. '민중민주주의란 무엇인가' 논문
별첨3. 대법원 2004. 8. 30. 선고 2004도3212 판결
별첨4. '프롤레타리아 국제주의란 무엇인가' 논문
별첨5. 김일성 강의 내용
별첨6. 정당해산 심판제도에 관한 연구 132면
별첨7. 대법원 1998. 3. 13. 선고. 95도117 판결
별첨8. 기자회견문
별첨9. 대변인브리핑

2011. 8. 26

청원인 대표 徐貞甲 (인)

대한민국정부

법률상대표 법무부 장관 귀중

"문제는 安保야, 이 바보들아!"

초판 1쇄 발행 | 2012년 3월27일

지은이 | 국민행동본부
펴낸이 | 趙甲濟
펴낸곳 | 조갑제닷컴

등록 | 2005년 12월2일(제300-2005-202호)
주소 | 서울 종로구 내수동 75 용비어천가 1423호
전화 | 02-722-9411~3
팩스 | 02-722-9414
이메일 | webmaster@chogabje.com
홈페이지 | chogabje.com

ISBN 978-89-92421-82-9

값 10,000원

*파손된 책은 교환해 드립니다.